Zeichnen macht Spaß

Oliver Howat

Zeichnen macht Spaß

Buch und Zeit Verlagsgesellschaft mbH · Köln

ISBN 3-8166-9508-6

Druck: ZUMBRINK DRUCK GmbH, Bad Salzuflen

1999950885X7 2635 44

Inhalt

Vorwort

Zu Beginn etwas Grundsätzliches: Zeichnen kann jeder – der einzige Unterschied ist, daß es der eine vielleicht besser kann als der andere. Doch ein Trost für die weniger Guten: Zeichnen kann man lernen!

Geben Sie Ihre Zeichenversuche, auf welchem Gebiet Sie sich auch betätigen, nicht gleich auf, wenn die ersten Skizzen mißlingen. Bis jetzt ist noch kein Meister vom Himmel gefallen: Auch Michelangelo, Rubens, Renoir, Manet, Picasso und wie sie alle heißen mögen, haben »klein« angefangen und ihre ersten Striche gemacht.

Natürlich braucht man zum Zeichnen ein bißchen Fantasie, muß gut beobachten können und das Gesehene im Geiste festhalten. Man sollte die Umgebung mit offenen Augen betrachten und alles in sich aufnehmen, denn später werden manche Dinge auch aus dem Kopf gezeichnet, und da muß man wissen, wie diese Dinge aussehen. Auch hier macht die Übung den Meister.

Aber Meister wollen wir ja nicht unbedingt gleich werden. Dieses Buch kann sicherlich keine Experten aus Ihnen machen, aber es soll Sie in die Welt der Zeichnerei einführen und Ihnen Hilfestellungen, Tips und Anregungen geben, unabhängig davon, welche Sparte der Zeichnerei Sie auch wählen. Also, den Bleistift gespitzt und ans Werk!

Ausrüstung und Material

Es ist nicht unbedingt erforderlich, gleich zu Beginn eine teure Staffelei zu kaufen. Für den Anfang genügt ein *Zeichenbrett,* das sich in der Schräge verstellen läßt.
Dieses Zeichenbrett hat den Vorteil, daß man es problemlos überallhin mitnehmen und auf jede Unterlage stellen kann.

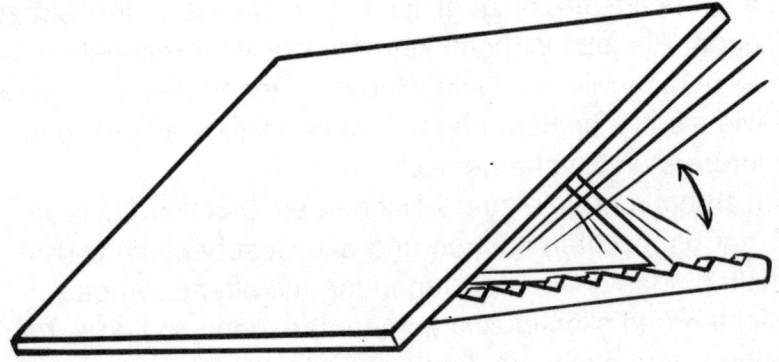

Eine leichte Schrägstellung (etwa 30°) ist ideal für Bleistift, Kohle, Tusche und Wasserfarben.

Jeder sollte aber selbst ausprobieren, welche Schrägstellung ihm am besten liegt. Für Wasserfarben ist eine flachere Schräge vorteilhafter, weil bei einer zu steilen Stellung die Farben über die Zeichnung nach unten laufen würden.
Papier für Entwürfe, Skizzen und Reinzeichnungen ist in den verschiedensten Stärken und Qualitäten erhältlich. Dünnes Papier für Entwürfe und Skizzen gibt es in Blocks zu kaufen,

während man sich Papier oder Karton für Reinzeichnungen
besser bogenweise besorgen sollte.
Am vorteilhaftesten ist, man läßt sich verschiedene
Papiersorten in einem Geschäft für Zeichenbedarf vorlegen
und entscheidet dann, welches Papier man verwenden will.

Malutensilien

Bleistifte, Kohlestifte, Kreide, Wischer (aus Papier oder
weichem Leder), Radiergummi, Lineal, Dreieck, Farben,
Federn und Pinsel.
Beginnen wir mit den *Bleistiften.* Es gibt sie in verschiedenen
Härten, und zwar von H 6 bis B 6. H 6 bis H 3 sind die
härtesten Stifte und finden eigentlich nur beim technischen
Zeichnen Verwendung.
Zum Skizzieren nimmt man am besten Bleistifte der mittleren
Härte, z. B. HB oder B. Striche dieser Härten lassen sich, falls
sie falsch gezogen sind, leichter wegradieren als Striche
anderer Härten.
Zu harte Stifte »verkratzen« das Papier, während zu weiche
Stifte »schmieren«.
Hat man einen Entwurf mit einem härteren Stift ausgeführt,
können die Hauptkonturen später immer noch mit einem
weicheren Stift nachgezogen werden.
Natürlich kann man Konturen auch mit einer *Feder* in *Tusche*
ausführen. Federn gibt es in den verschiedensten Stärken und
Arten, z. B. Spitz-, Flach- oder Rundfedern.

Zum Zeichnen werden in erster Linie Spitzfedern benutzt,
während man Flach- und Rundfedern hauptsächlich für
Schriften verwendet.

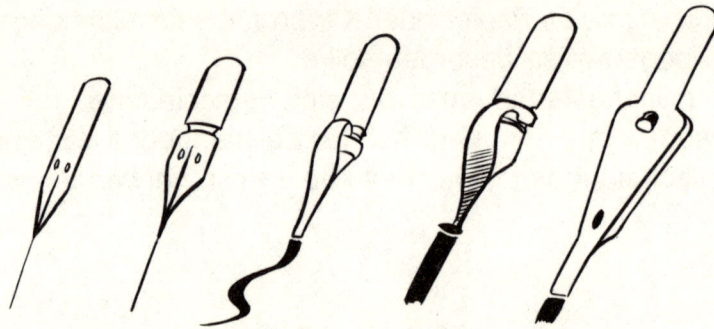

Daneben gibt es auch noch die *Filzstifte.* Wir sollten sie aber gleich vergessen, weil man Striche, die mit Filzstiften gezogen sind, nicht mehr korrigieren kann.

Für das Zeichnen mit einem *Pinsel* können unterschiedliche Pinselarten verwendet werden: Breitpinsel zum Anlegen großer Flächen (A) und weiche Haarpinsel (B), die in einer Spitze auslaufen.

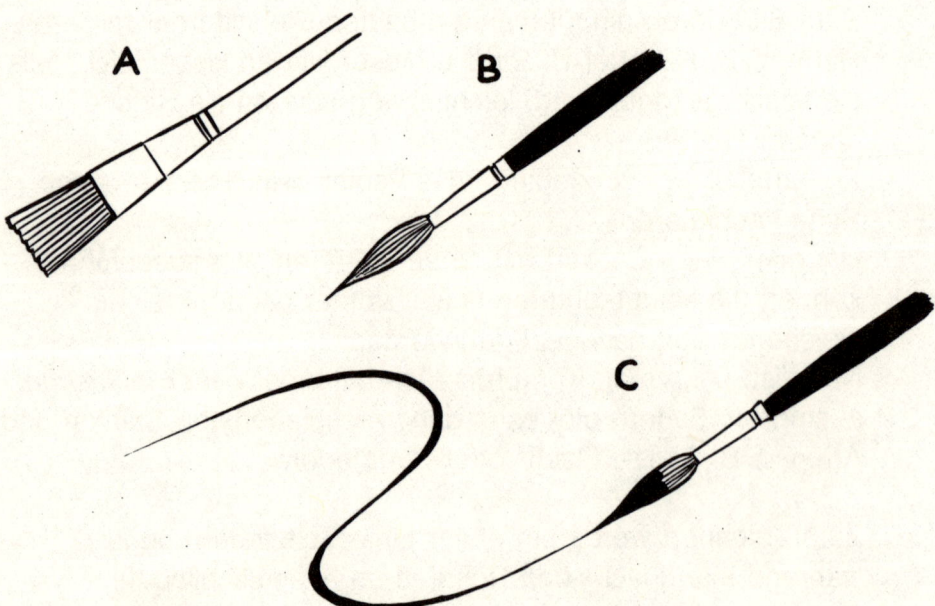

A

B

C

Von jeder Sorte gibt es auch hier verschiedene Stärken. Der Vorteil eines Pinsels beim Malen oder Zeichnen besteht darin, daß man mit ihm haardünne und trotzdem »weiche« Linien ziehen kann (C) – ein Vorteil, den eine »harte« Zeichenfeder nicht hat.

ation...

Das Zeichnen von »Männchen«

Die Augen

Nachdem das Zeichenwerkzeug vorgestellt wurde, können wir mit dem eigentlichen Zeichnen beginnen.
Und womit beginnt man zuerst? Natürlich mit dem Zeichnen von »Männchen«.

Als erstes zeichnet man einen Kreis, das ist der Kopf.
Aber zu einem Kopf gehören Augen, Nase, Ohren und Mund.
Fangen wir bei den Augen an:

Die einfachste Form des Auges ist ein Punkt.

Mit ein (a) oder zwei (b) Strichen können die Augen schon variabler gestaltet werden.

Einer dieser Striche genügt auch schon, um das Auge beweglicher zu machen, d. h. nach rechts oder links blicken zu lassen.

Man kann ein Punktauge auch »leben« lassen, indem ein kleiner

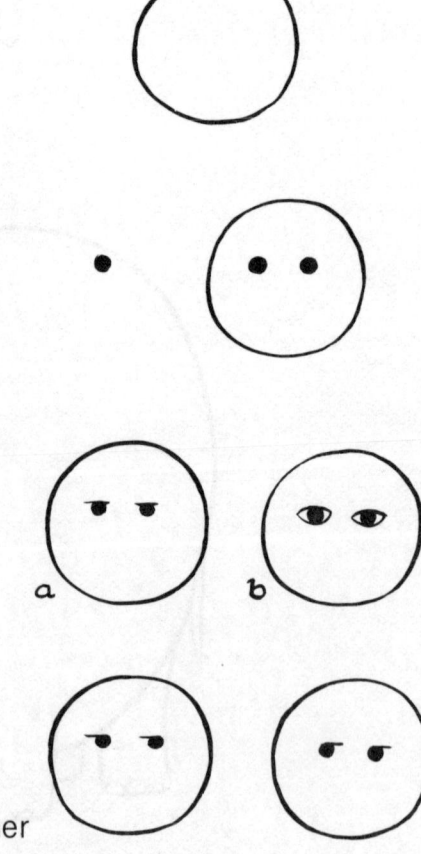

»Lichtpunkt« eingezeichnet oder
ausgespart wird.

Noch lebendiger ist natürlich ein
sogenanntes »Kullerauge«.

Auch hier kann ein zusätzlicher
Lichtpunkt das Auge beleben.
Haben Sie nicht das Gefühl, daß
Ihnen dieses Auge überallhin folgt?
Dies wird einzig und allein durch den
Lichtpunkt bewirkt.

Die Nase

Nasen gibt es in den verschiedensten Formen, und diese sind
meistens figurbedingt. Lange Gesichter haben fast immer
spitze und lange Nasen, während runde Gesichter eher zur
Knollennase neigen.

Hier einige Nasenformen (im Profil)...

...und halb seitlich oder von vorn gesehen.

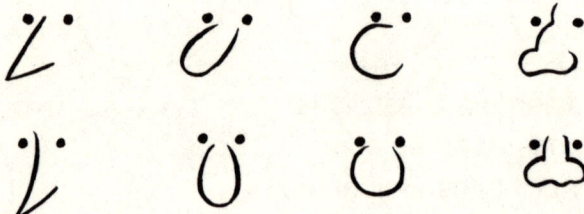

Die Ohren

Auch bei den Ohren gibt es verschiedene Formen. Wir wollen aber nur 4 davon festhalten, weil sie für unsere Zwecke genügen.

Der Mund

Ein einziger Strich oder eine krumme Linie können schon den ganzen Mund formen, wie man an folgenden Beispielen sieht:

Am besten ist, man zeichnet Augen und Nase mit dazu und schlägt zwei Fliegen mit einer Klappe: So entstehen nämlich gleich richtige Gesichter.

Bei dieser Gelegenheit stellt man fest, daß der Mund dem Gesicht »Ausdruck« verleiht. Er kann ein Gesicht traurig sein oder lachen lassen und überhaupt jede Stimmung wiedergeben.

Das Kinn

Die Kinnpartie kann eine Menge über eine Figur aussagen.
Deshalb wollen wir uns etwas näher mit dem Kinn befassen.
Hier gibt es ebenfalls ein paar Faustregeln: Jemand mit einem
spitzen Kinn hat mit Sicherheit auch eine spitze Nase...
Die folgenden Beispiele zeigen, daß sich die Nase immer der
Form des Kinns anpaßt – mit ganz wenigen Ausnahmen:

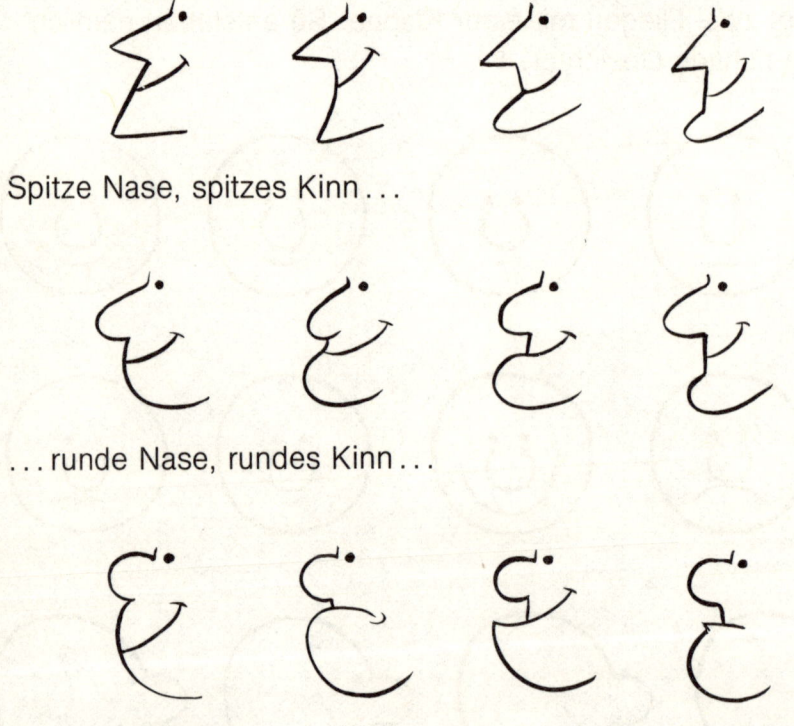

Spitze Nase, spitzes Kinn...

...runde Nase, rundes Kinn...

...und Knollennase, kräftiges Kinn.

Und nun sollten Sie das Köpfezeichnen einmal üben.
Dabei braucht man sich aber nicht nur auf die runde Kopfform
zu beschränken.
Auf der nächsten Seite wird gezeigt, wie man auch
Kopfformen variieren kann.

Der Kopf

Von der Kopfform kann man oft auf den Typ oder Charakter
eines Menschen schließen.

Es ist nicht unbedingt notwendig, figürlich neue Gestalten zu erfinden, um eine neue Type zu schaffen. Allein eine andere Frisur oder ein Bart können diesen Zweck schon erfüllen:

Grundform

Mimikstudien

schmunzelnd

lachend

erstaunt

zerknirscht

ärgerlich

laut lachend

schimpfend

beschämt

wütend

Der Gesichtsausdruck in »Worte gekleidet«

Moment, ist das nicht
der..., wie heißt er
doch gleich?

O weh!

Wie konnte ich das
nur vergessen!

Der wird doch
nicht etwa...?

Ich könnte mich
schieflachen!

Also, lange warte ich
jetzt nicht mehr!

Es ist zum Heulen!

Ob ich es wage?

Diese wenigen Beispiele verdeutlichen, was die zusätzliche
Stellung einer Hand bewirken kann.

Die Kopfhaltung

Wie zeichnet man einen Kopf in verschiedenen Positionen?
Die Grundform, der Kreis (wenn man einen runden Kopf
zeichnen will), bleibt immer gleich. Nur die Leitlinie (1)
verändert sich, und zwar in die Richtung, in die der Kopf
blicken soll.
Für diesen speziellen Fall benötigt man eine zweite wichtige
Hilfslinie: die Augenlinie (2). An ihr »hängen« nämlich
gleichzeitig auch Ohren und Nase, genauer gesagt, der
Nasenansatz.

Während die Leitlinie die
seitliche Blickrichtung
angibt, läßt die Augenlinie
das Gesicht nach oben oder
unten blicken.

1 Leitlinie

2
Augenlinie

Wie wichtig Leit- und Augenlinie bei den Kopfstellungen sind,
kann man an diesen Beispielen sehen.

Laßt Hände sprechen

Wie die Mimik für das Gesicht, ist die Geste für die Hände ein
Mittel, etwas auszudrücken.
Deshalb ist die Stellung einer Hand bei einer Zeichnung sehr
wichtig, denn Hände können »sprechen«, zumindest aber
etwas aussagen.
Dabei kann man sich die Sache vereinfachen: Da eine
5fingrige Hand in der Karikatur zu »plump« wirkt (Skizze A),
zeichnet man nur 4 Finger (Skizze B).

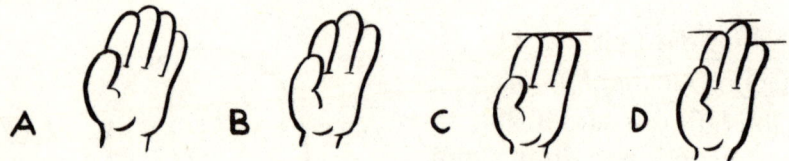

Man läßt einfach den Ringfinger weg. Besser wirkt die Hand,
wenn die Finger unterschiedlich lang gezeichnet werden
(Skizzen B und D). Gleich lange Finger (Skizze C) wirken
dagegen »unnatürlich« und steif.
Hier einige Beispiele mit 4- und 5fingrigen Händen:

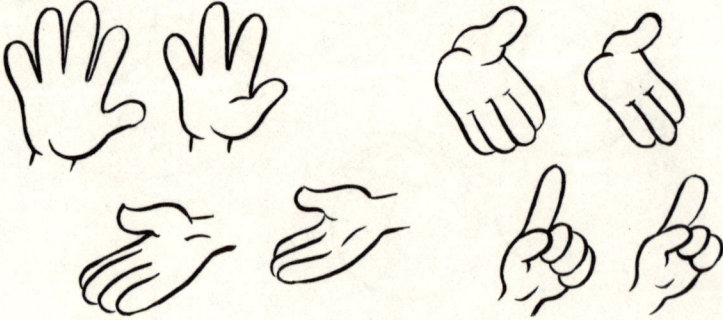

Hände – und was man damit ausdrücken kann

Der Aufbau jeder Handstellung erfolgt um die »Handfläche«
herum, ganz gleich, welche Stellung die Hand einnimmt.

Beispiele:

Durch Veränderung der Fingerstellung zueinander kann man
eine Geste unterstreichen (siehe A bis B sowie C bis D).

Figuren sollen mit den Händen immer etwas »tun«, denn die Stellung der Finger kann oft genausoviel aussagen wie gesprochene Worte.

Hier einige Beispiele:

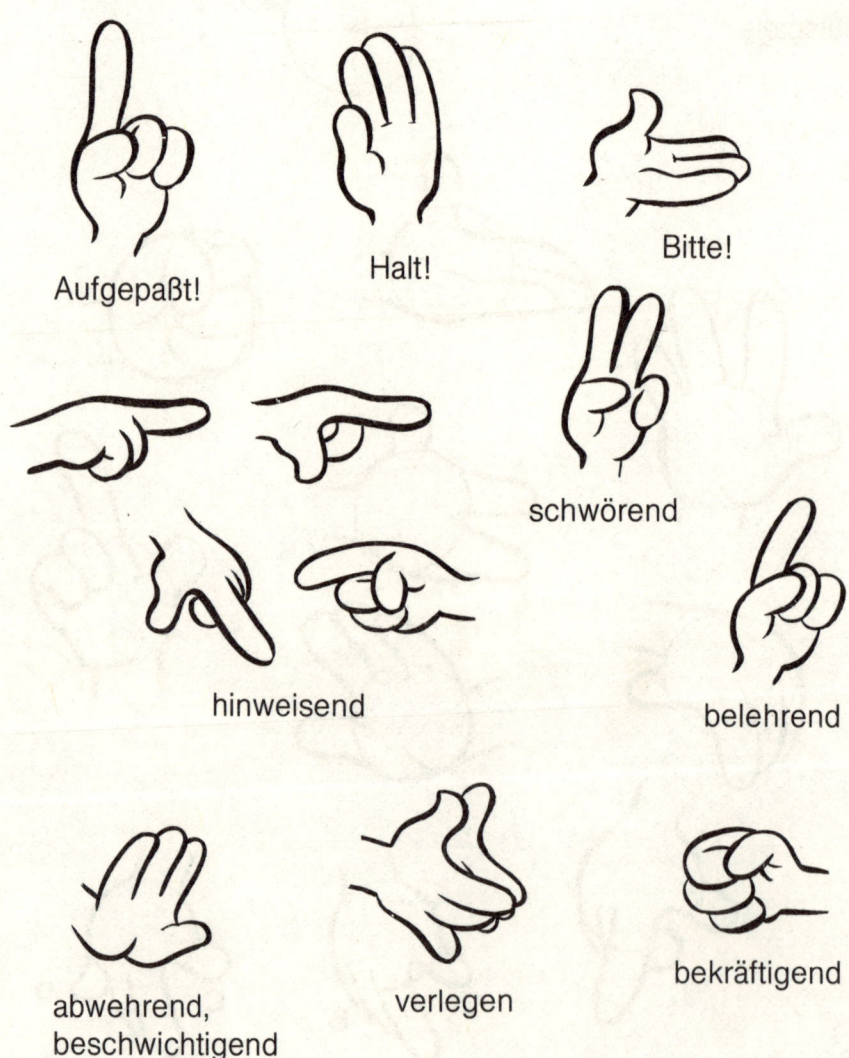

Aufgepaßt!

Halt!

Bitte!

schwörend

hinweisend

belehrend

abwehrend,
beschwichtigend

verlegen

bekräftigend

Der Körper

Das Zeichnen von Köpfen und Händen haben wir nun
kennengelernt, deshalb wollen wir uns dem nächstwichtigen
widmen: dem Körper.

Auch hier gibt es wieder verschiedene Formen:

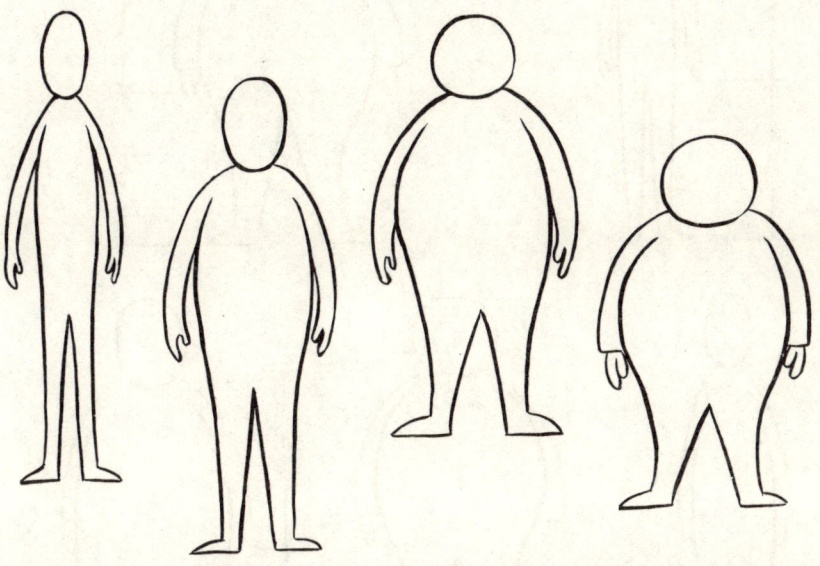

Gleich zu Beginn eine kleine
Faustregel: Nie einen langen,
schmalen Kopf auf einen
kleinen, runden Körper setzen
oder umgekehrt. Es würde nur
komisch wirken.

Über die Arme und Beine gibt es eigentlich nur eines zu
sagen: Sowohl Arme als auch Beine haben normalerweise
halbe Körperlänge (A), den Kopf nicht mitgerechnet, ...

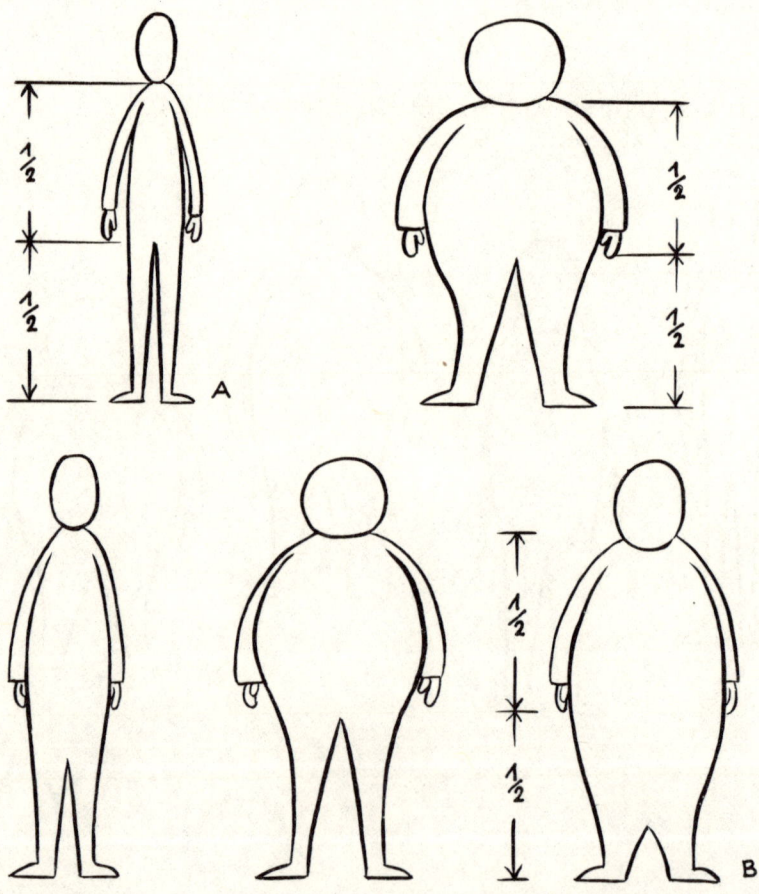

... wobei man bei den Beinen manchmal Ausnahmen machen
kann, z.B. zu kurze oder zu lange Beine. Die Armlänge bleibt
jedoch immer gleich (B).

Wie ein »Männchen« das Laufen lernt

Nun haben wir für unser Männchen sämtliche »Vorarbeiten«
geleistet und können beginnen, diese in allen möglichen
Formen zu Papier zu bringen.
Genug geübt? Dann wollen wir wieder einen Schritt
weitergehen und Bewegung in das Männchen bringen.
Die Bewegung erfolgt durch die Gelenke in Schulter,
Ellenbogen, Hüfte und Knie. Natürlich gibt es noch viele
kleine Gelenke, aber wir wollen uns hier nur mit den
Hauptgelenken befassen (siehe Skizze).

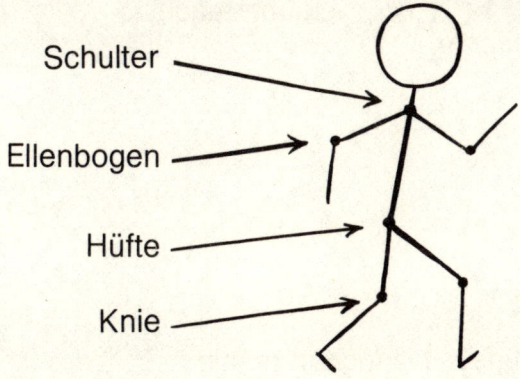

Das Bewegungsgerippe ist wichtig, weil man die Figur
»drumherum« aufbaut. Es erleichtert das bewegliche Zeichnen
enorm. Außerdem vereinfacht es das figürliche Zeichnen sehr
und bringt die einzelnen Glieder gleich in die richtigen
Proportionen.

Nun zu unserer Figur, dem »Mister X«, der uns auch später noch als Modell dienen soll.

Daß diese Figur geht, kann jeder sehen: rechter Fuß vor, rechter Arm vor. Aber ist das auch richtig? Nein, es ist falsch! Es fällt zwar auf den ersten Blick nicht auf, aber warum soll man etwas falsch zeichnen, wenn das »Richtigzeichnen« genausowenig Mühe macht.

Hier geht unser Männchen richtig: Arm- und Beinbewegungen erfolgen immer »gegensätzlich«: Wenn das rechte Bein nach vorne geht, schwingt der rechte Arm nach hinten und umgekehrt. Genauso ist es mit links.

Um den Bewegungsablauf beim Gehen und Laufen besser zu
demonstrieren, lassen wir unser Männchen jeweils einen
Schritt machen (Arm- und Beinstellung beachten!):

Gehphase

Laufphase

Einen Gehenden im Profil zu zeichnen ist natürlich leichter als einen Gehenden von vorne oder hinten. Das folgende Beispiel zeigt, daß dies aber auch nicht so schwierig ist:

Ein Tip: Um bei einer Zeichnung eine besonders lebendige
Wirkung zu erzielen, sollte man die »Aktion« immer
»überzeichnen« und durch zusätzliche Striche Bewegung in
die Figur bringen.

Beispiel 1: Bei Fußballer A sieht man, daß er den Ball
wegschießt, aber das ist auch alles.
Lebendiger ist die Figur B. Hier kann man förmlich sehen, daß
der Ball mit Wucht weggedroschen wird, und man glaubt
sogar, den Ball richtig fliegen zu sehen.

Beispiel 2: Genauso ist es mit unseren beiden anderen
Figuren. Daß die erste läuft, sieht man, mehr nicht.
Anders ist es bei der zweiten Figur. Diese rennt, als gelte es,
den 100-Meter-Lauf bei der Olympiade zu gewinnen. Ein paar
»Aktionsstriche« und kleine Staubwolken vermitteln diesen
Eindruck.

Die Haltung des Körpers

Die Haltung des Körpers kann eine Menge aussagen und – ohne daß man Worte gebraucht – eine Stimmung ausdrücken.

Hier einige Beispiele:

stolz   resignierend   lachend

niedergeschlagen   schadenfroh   traurig

erschrocken   wütend   zufrieden

erstaunt   ärgerlich   verschämt

Diese Figuren sind eine ideale »Kombination«: Sowohl das
Gesicht als auch der Körper drücken – jeweils für sich – die
Stimmung aus, in der sich die Figur befindet.
Decken Sie den Kopf oder den Körper ab, und Sie werden es
selbst feststellen!

Ein kleiner Tip: Beim Zeichnen von zwei oder mehreren
Menschen, die einen Dialog führen, sollte man die Figuren nie
steif dastehen lassen (wie Figur in Skizze A). Sie wirkt
irgendwie leblos.

Auch das nur »Herumstehen« kann lebendiger gestaltet
werden, indem man die Figuren mit den Händen etwas tun
läßt, wie: Arme auf dem Rücken, Arme in die Seite stemmen
oder in die Hosentaschen stecken, sich irgendwo anlehnen
lassen und ähnliches.

Figur A

Kinder

Kleinkinder wirkungsvoll zu zeichnen, ist ein Kapitel für sich.
Man verstößt nämlich gegen jede Regel, zumindest was das
Größenverhältnis betrifft. Alles wird – im Vergleich zur Natur –
entweder übertrieben groß oder übertrieben klein gezeichnet.
Die Größenverhältnisse ändern sich jedoch zusehends, je
älter das Kind wird. Allein der Kopf schrumpft – zeichnerisch
gesehen – vom Kind im Babyalter bis zu einem Alter von etwa
5–7 Jahren um die Hälfte, das heißt, war bei einem Kleinkind
im Alter von 1–2 Jahren der Kopf etwa genausogroß wie der
restliche Körper, also ½ zu ½, so schrumpft der Kopf im
Verhältnis zur Körpergröße bei einem 3- bis 5jährigen Kind
auf etwa ein Drittel und bei Kindern im Alter von 5–7 Jahren
auf ein Viertel zusammen.
Wenn man aber die Größenverhältnisse mehr der natürlichen Größe anpaßt, würde das Kind »verzeichnet« wirken.

Deshalb als Grundregel: Je kleiner ein Kind sein soll, um so größer muß der Kopf gezeichnet werden. Dabei ist darauf zu achten, daß Augen, Nase und Mund im unteren Drittel des Gesichtes liegen; mit zunehmendem Alter wandert dann auch die Augenlinie nach oben (bis zur Gesichtsmitte).

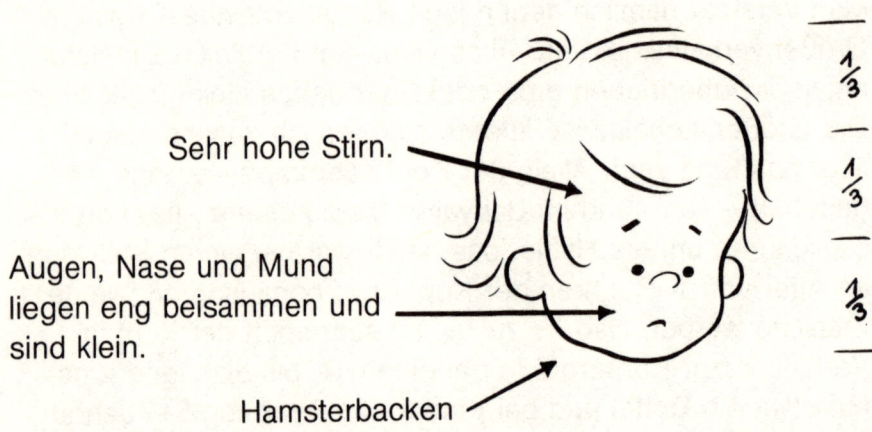

Sehr hohe Stirn.

Augen, Nase und Mund liegen eng beisammen und sind klein.

Hamsterbacken

$\frac{1}{3}$

$\frac{1}{3}$

$\frac{1}{3}$

Die Figur eines Kleinkindes sollte immer »mollig« gezeichnet werden, um so »knuddeliger« wirkt sie!

Kinder in Bewegung

Beim Zeichnen von Kleinkindern sollte versucht werden, die Unbeholfenheit der Kleinen auszudrücken. Das kann man dadurch erreichen, daß man sie unsicher auf den Beinen stehen läßt, also mit dem Gleichgewicht kämpfend und ewig nach einem Halt suchend.
Wie man solche Stellungen aufbaut, demonstrieren diese Beispiele:

Hier einige Beispiele von Kindern in Bewegung:

Diese Grundregeln gelten für Kinder beiderlei Geschlechts,
bis auf eine Ausnahme: Während Knaben einen etwas
dickeren Körper haben, zeichnet man Mädchen übertrieben
schlank. Selbst wenn der Mädchenkörper – wie auf Skizze A –
zu »dünn« wirkt, so hebt die Kleidung diesen Eindruck wieder
auf (Skizze B).

Auch hier verändern verschiedene Frisuren und zusätzliche
Kleinigkeiten den Typ und lassen ihn als neue Figur
erscheinen.

Frauen in der Karikatur

Auch hier kommt es darauf an, »welchem Zweck« – zeichnerisch gesehen natürlich – die Frau dienen soll. Eine Frau, entsprechend in den natürlichen Proportionen gezeichnet, würde wirkungslos bleiben. Die Größenverhältnisse müssen also »verschoben« und nach Bedarf »hervorgehoben« oder zurückgestellt werden.
Hier ein Beispiel: Obwohl sich an der Körpergröße nichts geändert hat und alle Körperteile in gleicher Höhe liegen, wird eine andere Wirkung erzielt.

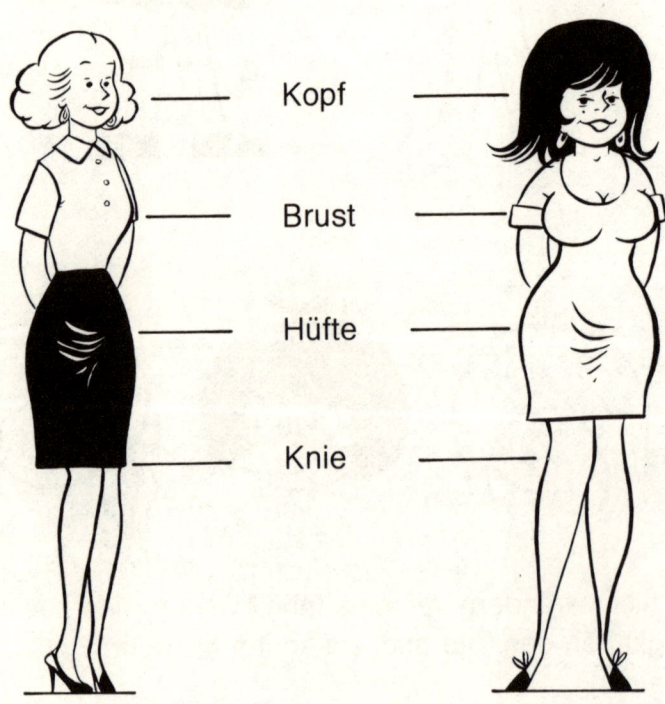

Kopf

Brust

Hüfte

Knie

Natürlich kann man auch hier die Größenverhältnisse
verschieben und z.B. übertrieben lange oder kurze Beine
zeichnen, ohne daß von der Wirkung etwas verlorengeht.

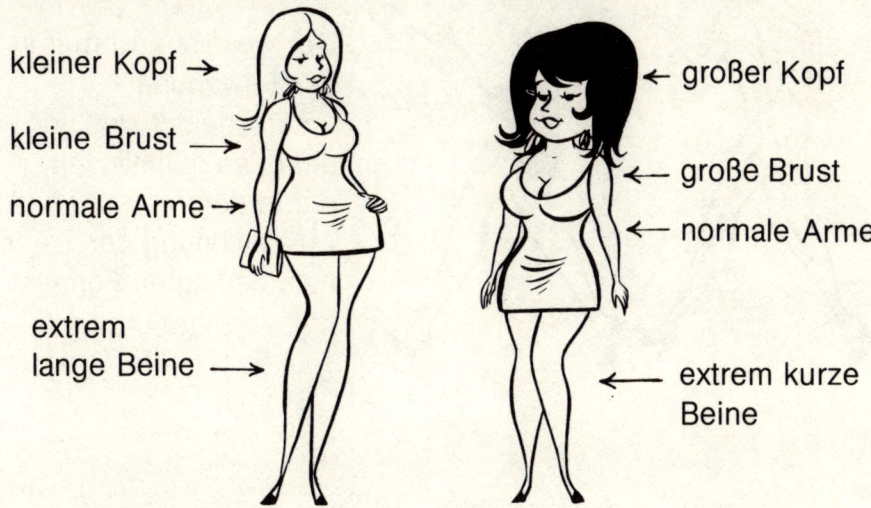

kleiner Kopf →

kleine Brust →

normale Arme →

extrem
lange Beine →

← großer Kopf

← große Brust

← normale Arme

← extrem kurze
Beine

Trotz dieser »Überzeichnungen« wirken die Figuren normal
und ästhetisch.

Das gleiche gilt auch für etwas fülligere Damen.

Der weibliche Körper in
der Bewegung
unterscheidet sich von
dem des männlichen
nur in der
Auszeichnung der
naturbedingten Formen.

Auch hier einige unterschiedliche Kopfformen:

Tiere

Kopfstudien

Bevor wir uns an die Gestaltung der Tiere wagen, sollen wieder einige Kopfstudien vorgestellt werden. Auch hier ist die Grundform der Kreis, egal, welches Tier man zeichnen möchte.

Eine Grundform – viele Tiere

Wie wir es schon beim Menschen gesehen haben, kann man
auch fast alle Tiere nach dem gleichen Prinzip aufbauen.
Kopf- und Rumpfform sind in den folgenden Beispielen bei
allen Hunden gleich. Was sich ändert, ist nur die äußere Form.
Versuchen Sie doch einmal, nach diesem Beispiel andere
Hunderassen zu zeichnen.

Eine Anleitung, wie man nach der gleichen Methode andere
Tiere aufbauen kann, zeigen diese und die nächsten Seiten.
Kreise und Ellipsen sind die Grundformen zur Gestaltung
eines jeden Tieres. Auf ihnen kann man alles andere
aufbauen, in welcher Lage oder Stellung sich das betreffende
Tier auch befindet.
Nehmen wir als Beispiel dieses kleine Kätzchen:

Noch sind diese Grundformen neutral, . . .

. . . aber ein paar Striche mehr, und man kann schon
erkennen, daß hier eine Katze entstehen soll.

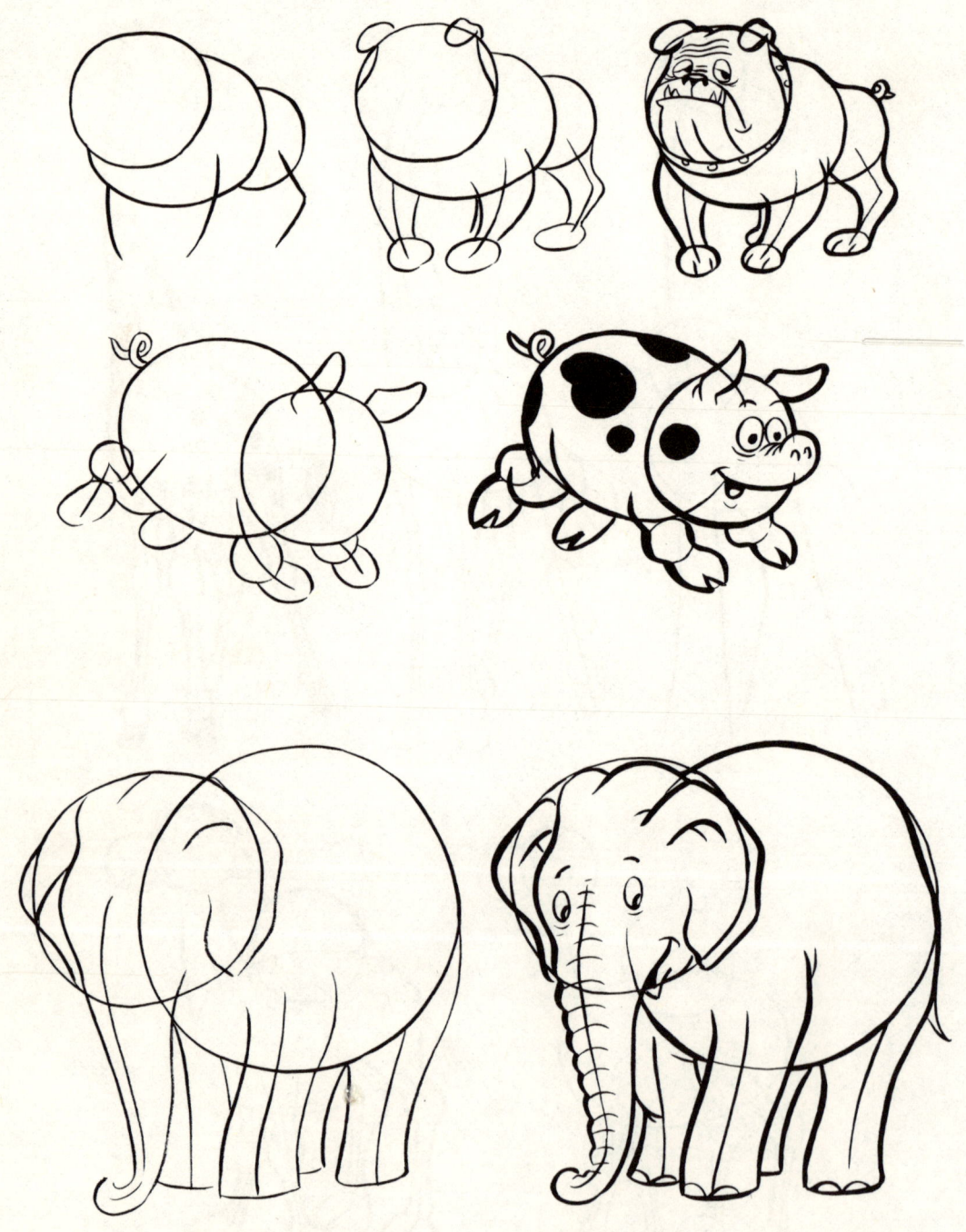

Tierkinder

Wenn man Tierbabys zeichnen will, kann man sich im großen und ganzen an die Richtlinien halten, die auch bei der Darstellung von Kleinkindern zutreffen: Kopf größer als normal, Kulleraugen und pummelige Figur.
Eine feste Regel kann man aber nicht anwenden, da die Tiere ja sehr unterschiedlich gebaut sind.

Hier einige Beispiele:

Tiere in der Bewegung

Der Skelettaufbau sowie die Bewegungen sind bei Tieren und Menschen die gleichen – mit dem einzigen Unterschied, daß sich alles von der Vertikalen in die Horizontale verlagert: Was beim Menschen die Arme sind, sind beim Tier die Vorderbeine.

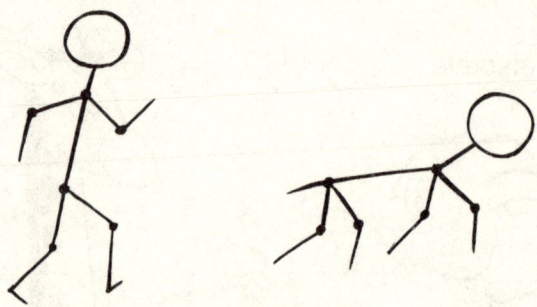

Wir wollen unser Modell, einen Hund, gleich laufen lassen. Dabei kann man feststellen, daß hier die Beine anders zusammenarbeiten.
Wenn Tiere gehen, berühren immer zwei Beine den Boden, während die beiden anderen angehoben werden. Das geschieht kreuzweise: Die Beine 1 und 3 berühren den Boden, die Beine 2 und 4 sind angehoben und umgekehrt.

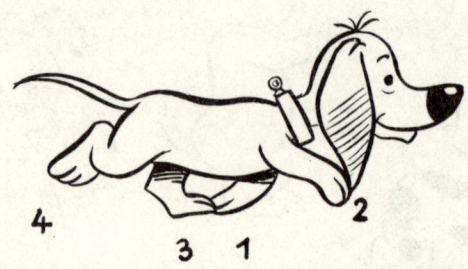

Wenn man Tiere zeichnen will, baut man sie genauso auf wie den menschlichen Körper.
Versuchen wir also erst einmal, ein Tier gehen zu lassen.

1. Gerippe mit der Leitlinie.

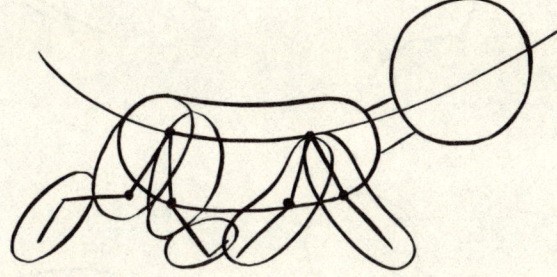

2. Grobe Körper-, Kopf- und Beinformen.

3. Konturen auszeichnen.

Da wir gerade beim Gehen sind, wollen wir unseren Hund
auch gleich laufen lassen.
Hier der Aufbau einer Laufbewegung: Wir ziehen zunächst
wieder die Leitlinie – der Krümmung des Rückgrates
entsprechend – und hängen alles andere daran auf.

Bei der Laufbewegung stellt man fest, daß die Beine jetzt anders zusammenarbeiten als beim Gehen: Nun berühren nämlich abwechselnd entweder die beiden Vorder- oder Hinterbeine den Boden.

Was aber wäre eine Regel, wenn es nicht immer wieder Ausnahmen gäbe: Wenn ein Pferd z.B. trabt, dann ist die Schrittfolge wie beim Gehen, nur eben schneller.
Und dann gibt es noch eine dritte Gang- bzw. Laufart, nämlich den Sprunglauf. Dabei berühren die beiden Vorderbeine nacheinander den Boden, während die Hinterbeine das gleichzeitig tun: 1 und 2 nacheinander sowie 3 und 4 zusammen.

Tiere in der Karikatur

In der Karikatur kann man Tiere zeichnerisch »verwandeln«
und sie figürlich gut oder böse gestalten: Nehmen wir als
Beispiel einmal diesen niedlichen, kleinen Kater und machen
aus ihm einen bösen, bulligen Typ.

Und wie sieht ein bulliger
Typ aus? Großer Kopf,
niedrige Stirn, Stiernacken,
massige Figur und dicke,
kurze Beine.

Nun wollen wir die Figur aufbauen: bulliger Kopf (1), massiger
Körper (2) und die kurzen Beine (3).

Diese Beispiele zeigen, daß man jedes Tier aus der gleichen
Grundstellung heraus in einen bösen Typ verwandeln kann.

Tiere wirken immer lustig, wenn man sie »vermenschlicht«,
d.h. sie menschliche Bewegungen machen läßt. Das verleiht
ihnen mehr Ausdruck und erzielt auch mehr Wirkung.
Die folgenden Beispiele sollen es beweisen:

Ein Vorteil der Karikatur ist es auch, daß man eine
Fantasiefigur zum Leben erwecken kann. Oder haben Sie
schon einmal solch einen ulkigen Hund gesehen?
Bei dieser Gelegenheit sollen gleich ein paar typische
Bewegungen des Hundes vorgestellt werden:

Bei Tieren kommt es nicht immer darauf an, daß die
Körperformen stimmen, besonders dann nicht, wenn man
Tiere in Karikatur zeichnet.
Jeder kann sehen, daß alle Figuren auf dieser Seite Elefanten
sind – und doch sehen sie unterschiedlich aus.
Das ist eben die »zeichnerische Freiheit«. Auch wenn man
ein Ding oder eine Sache noch so verzeichnet, Hauptsache
man erkennt, was dargestellt werden soll.

Vergrößern und Verkleinern eines Bildes

Wer hätte sich nicht schon einmal gewünscht, ein kleines Bild zu vergrößern oder ein großes kleiner zu malen. Nun, das ist einfacher, als man denkt.

Natürlich gibt es viele kostspielige Apparate, wie z. B. ein *Episkop,* mit dessen Hilfe man sich ein Bild sogar an die Wand projizieren kann, um dort dann die Bildkonturen nachzuzeichnen.

Billiger wäre dann schon der *Pantograph.* Das ist ein einfaches Gerät mit vier beweglichen Armen in Scherenform. Diese Arme haben Löcher, in die man einen Bleistift bzw. Metallstift stecken kann. Mit diesem Metallstift zieht man die Konturen des Bildes nach, das man vergrößern oder verkleinern möchte, und der Bleistift überträgt diese Konturen auf den Zeichenbogen.

Hier nun aber eine Methode, wie man ohne einen Apparat vergrößern oder verkleinern kann.

Als Beispiel soll dieser Teddy dienen: Wir zeichnen über den Teddy einfach kleine oder größere Karos und übertragen diese dann in der Größe, in der wir das Bild malen wollen, auf einen Zeichenbogen (siehe Skizze).

Und so wird vergrößert:

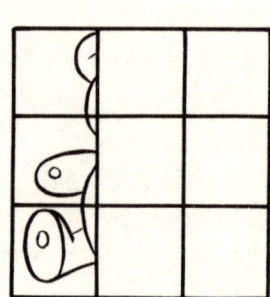

Schiffe und Meer

Schiffe

Ein sehr beliebtes Motiv von Hobbyzeichnern sind seit eh und je Segelschiffe.

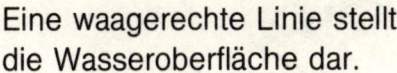

Eine waagerechte Linie stellt die Wasseroberfläche dar.

Volle Segel sind gewölbt, also zieht man eine krumme Leitlinie, die der späteren Wölbung des Segels entsprechen soll. Danach werden in wenigen Strichen die Grundformen des Bootes und Segels angedeutet.

Nun hat man die Hauptsache schon aufs Papier gebracht und kann sich an die endgültige Formgebung wagen.

Für das erste Segelboot doch ganz gut, oder? Nur wirkt es ein bißchen steif. Aber da gibt es Möglichkeiten, ein solches Bild zu beleben (siehe nächste Seite).

Wie man in ein »ruhiges« Bild Bewegung, Dramatik und
Stimmung bringen kann:

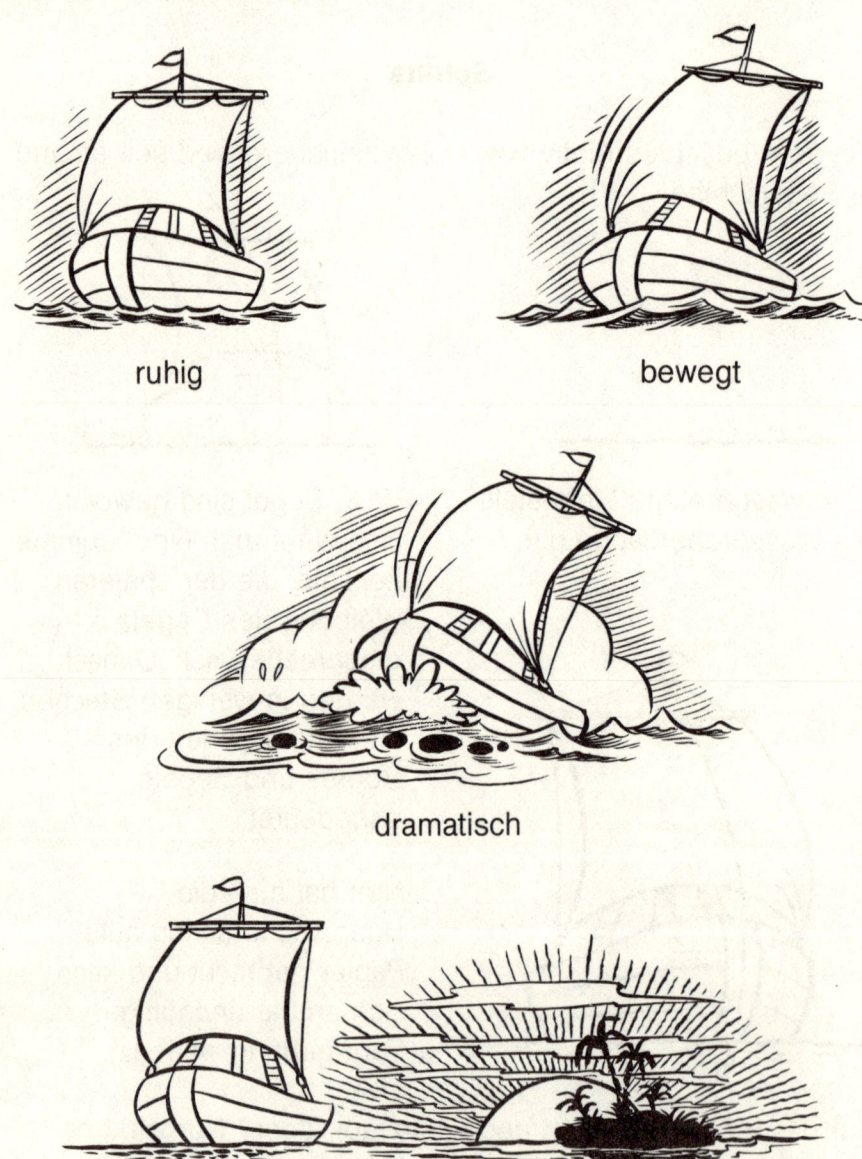

ruhig

bewegt

dramatisch

stimmungsvoll

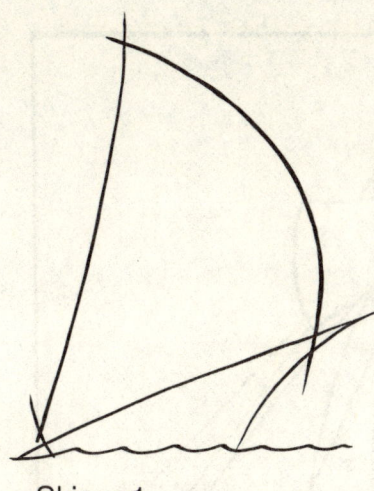

Skizze 1

Da wir nun wissen, wie einfach es ist, ein Segelschiff zu zeichnen, können wir uns auch an einen schmucken Dreimaster wagen – natürlich in voller Fahrt.
Falls Ihnen hier kein bestimmtes Schiff vorschwebt und Sie kein Bild als Vorlage zur Verfügung haben, zeichnen Sie eben ein Fantasieschiff. Zu Beginn (Skizze 1), wieder die grobe Form ...

... und dann (wie auf Skizze 2) die näheren Details: Segel und Schiffsrumpf. Zum Schluß kommen dann die Feinheiten, und der Windjammer kann in See stechen (Skizze 3).

Skizze 2

Skizze 3

Meer

Oft habe ich Hobbyzeichner in den Dünen sitzen sehen, wo
sie – mit mehr oder weniger Erfolg – versuchten, Meer und
Wellen auf die Leinwand oder den Zeichenblock zu bannen.
Dabei ist es gar nicht einmal so schwer, man muß nur wissen,
wie man es macht.
Zuerst zieht man leicht und locker, so gewissermaßen aus
dem Handgelenk, ein paar schwungvolle Linien über das
Papier (A).
Damit hat man bereits den Wellenkamm angegeben. Eine
weitere Wellenlinie wird im ungleichen Abstand darunter (B)
gezogen und dadurch die Gischt am Kamm der Wellen
angedeutet. Eine leichte Schraffierung (C) unterstreicht diesen
Eindruck zusätzlich.
Wo sich die Welle bricht und in das Wellental übergeht, grenzt
man die erste Welle ab (D). Einige zartere Striche deuten das
Wellental sowie den Übergang zur nächsten Welle an (E).
Dieser Übergang wird durch Ziehen einer zweiten Wellenlinie
begrenzt (F).
Darüber setzt man in immer geringeren Abständen weitere
Wellenlinien, und schon ist das Meer in seiner unendlichen
Weite zu erkennen.

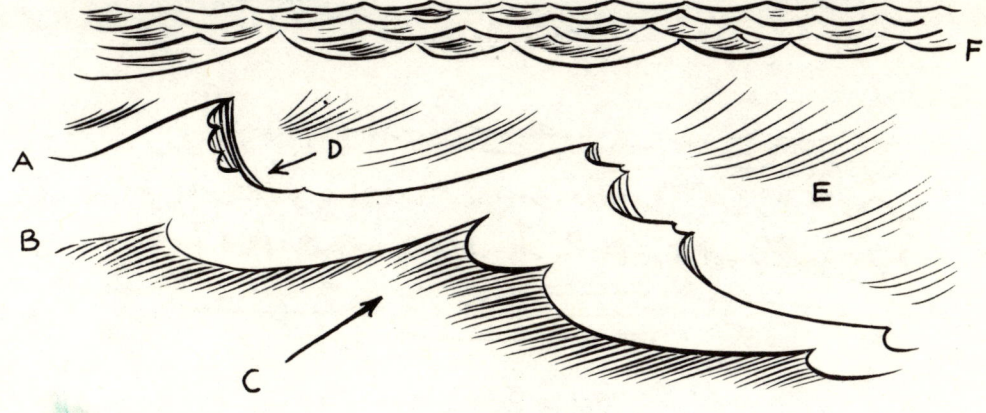

Zur Veranschaulichung einige weitere Beispiele von Meer und Wellen, und wie sich diese Wellen am Strand brechen.

normale Wellen

Sturzwellen

kleine Brandung

Der Aufbau eines Hafenmotivs

Angenommen, man sieht im Hafen ein altes Segelschiff vor
Anker liegen, im Hintergrund Speicher und Kräne (Skizze 1).
Das Segelschiff allein wäre an und für sich schon ein schönes
Motiv, aber wir wollen ja eine ganze Hafenszene auf den
Zeichenblock bringen.
Dabei muß man beachten, lieber wenige Objekte gut zu
zeichnen als viele Objekte schlecht.

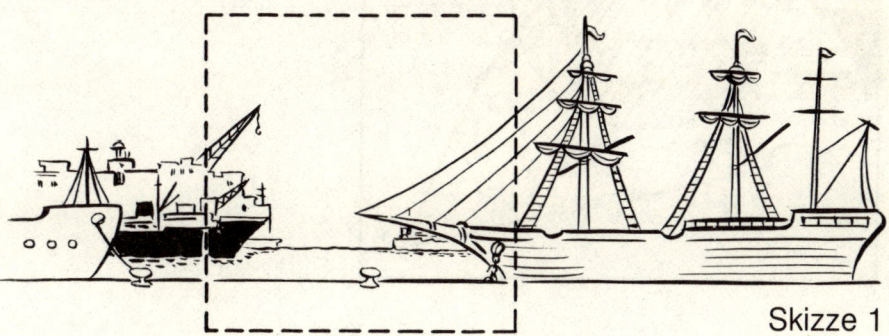

Skizze 1

Als Vordergrund
dient die Kaimauer.
Das vor Anker liegende
Segelschiff
wird nur angeschnitten
(Skizze 2).

Skizze 2

Nachdem der Vordergrund feststeht, kann man sich an den Hintergrund – die Speicher und Kräne – wagen (Skizze 3).

Skizze 3

In unserer Bildkomposition klafft aber genau in der Mitte ein Loch (schraffierter Kreis). Dieses Loch soll gefüllt werden, und was würde besser ins Bild passen als ein ankommendes Schiff (Skizze 4)?

Mit diesem Schiff füllen wir die Lücke, und schon ergibt sich ein Hafenbild.

Skizze 4

Hier nun das komplette Hafenbild (Skizze 5). Natürlich hat
nicht jeder Gelegenheit, an Ort und Stelle in einem Hafen auf
Motivsuche zu gehen, aber mit ein bißchen Fantasie kann es
gelingen, solche Motive ohne Vorlage aus dem Kopf zu
zeichnen.

Skizze 5

Wie macht man aus einem Querformat ein Hochformat?

Wenn zu Hause an einer Wand nur Platz für ein hochformatiges Bild ist, Sie aber auf Ihren Wanderungen ein schönes Motiv entdeckt haben, das leider querformatig ist, so kann man das »leicht beheben«, ohne daß etwas vom Reiz des Motivs verlorengeht.

Sie haben z.B. im Urlaub bei einem Spaziergang am Meer ein gestrandetes Fischerboot gesehen, das Ihnen als Motiv so gut gefällt, daß Sie es gerne zeichnen möchten. Das Boot, der Strand, die Klippen und das Meer, alles liegt so schön nebeneinander.
Für ein Hochformat ist das aber zu »breitlastig«. Natürlich könnte man das Boot allein – mit ein bißchen Meer drumherum – zeichnen, aber der Eindruck des »Gestrandetseins« würde fehlen.
Was also tun? Ganz einfach: Man »drückt oder hebt« die einzelnen Bildabschnitte.
Wie das bei unserem Strandbild am vorteilhaftesten zu verwirklichen ist, wird auf der nächsten Seite erklärt.

Klippen
nach oben
verlängern.

Wolken einzeichnen
(füllen den
leeren Bildteil).

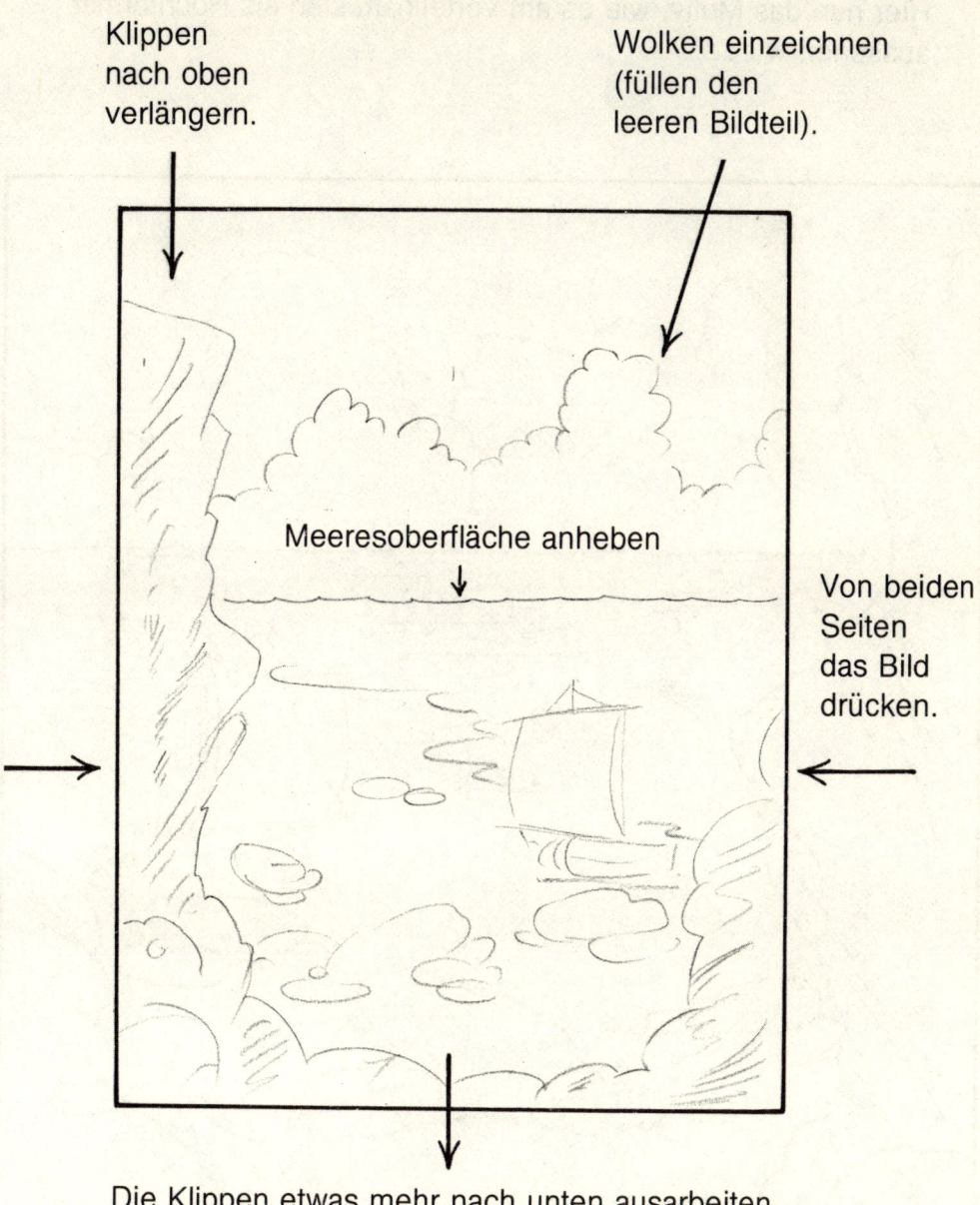

Meeresoberfläche anheben

Von beiden
Seiten
das Bild
drücken.

Die Klippen etwas mehr nach unten ausarbeiten.

Hier nun das Motiv, wie es am vorteilhaftesten als Hochformat aussehen würde:

Die Perspektive

Die Perspektive vermittelt »räumliches«, also dreidimensionales Sehen – Breite, Höhe und Tiefe.
Die Grundbegriffe der Perspektive sollte jeder Zeichner von Beginn an beherrschen, weil die Perspektive beim Zeichnen öfter angewendet wird als man glauben mag.
Gleich große Gegenstände kann man im Hintergrund nicht größer zeichnen als im Vordergrund. Das würde die ganze Zeichnung auf den Kopf stellen und komisch wirken. Im Gegenteil: Je weiter ein Gegenstand vom Auge des Betrachters entfernt ist, um so kleiner erscheint er. Es gibt verschiedene Arten der Perspektive, und davon ist die einfachste die *Ein-Punkt-Perspektive*.
Man zeichnet zuerst eine waagerechte Linie, den Horizont. In die Mitte dieser *Horizontlinie* wird ein Punkt gesetzt, der sogenannte *Fluchtpunkt*.

Horizontlinie

Fluchtpunkt

Jetzt zieht man vom Vordergrund (also dem Standpunkt des Betrachters) einige Linien auf diesen Fluchtpunkt zu und erhält auf diese Weise eine einfache perspektivische Zeichnung:

Fluchtpunkt

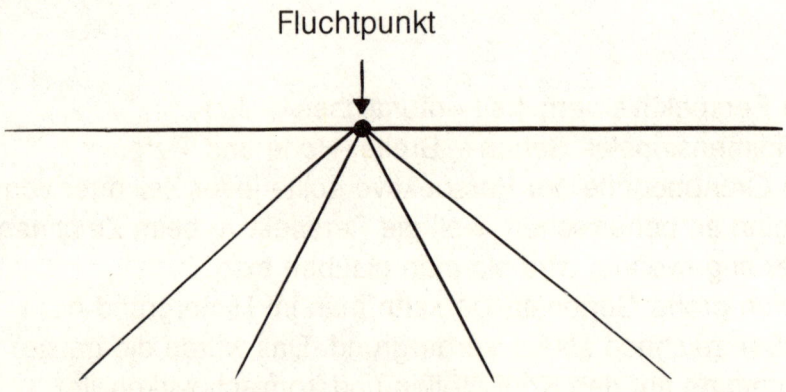

Wir wollen diese einfache Perspektive gleich in ein perspektivisches Bild verwandeln.
Dabei stellen wir uns eine Straße mit Baumbegrenzung vor, die ins »Unendliche« – zum Fluchtpunkt – führt:

Fluchtpunkt

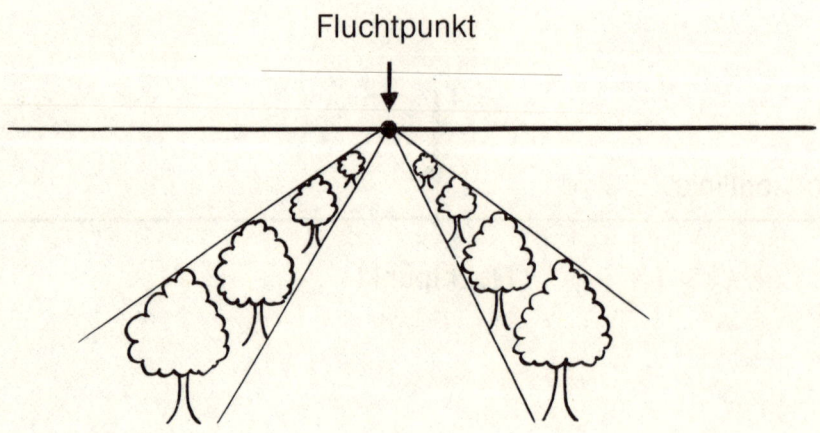

Das gleiche kann man mit Häusern oder anderen
Gegenständen und Objekten machen.
Dabei lernt man, daß alle zum Fluchtpunkt führenden Linien
sich »verjüngen«, und die waagerechten Linien sich zum
Fluchtpunkt hin im Abstand zwar verringern, aber immer
waagerecht bleiben. Genauso verhält es sich mit den
schrägen Dachlinien (Skizze 1).

Fluchtpunkt

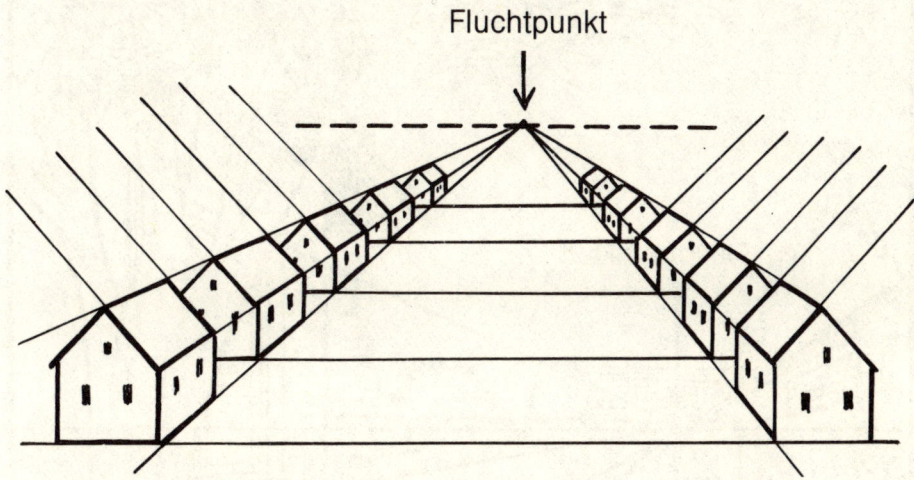

Wie diese Beispiele zeigen, laufen alle Linien unter der
Horizontlinie – vom Betrachter aus gesehen – auf den
Fluchtpunkt zu, über der Horizontlinie aber streben sie vom
Fluchtpunkt weg (Skizze 2).

Horizontlinie

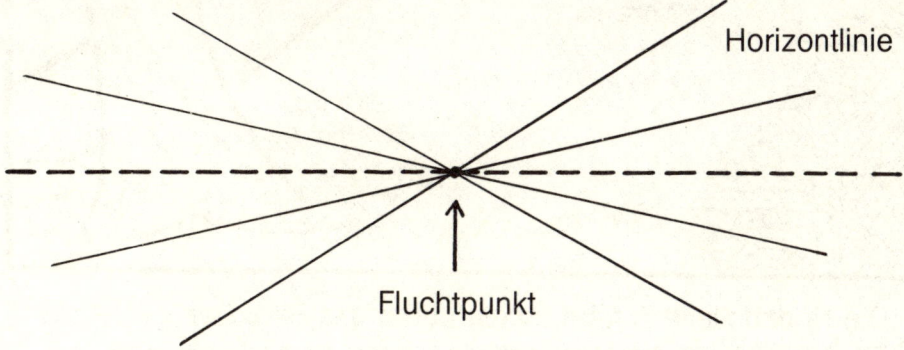

Fluchtpunkt

Perspektive im Bild

Wie die Perspektive im Bild in der Praxis angewendet wird,
soll diese Zeichnung veranschaulichen:

Die Horizontlinie A führt mitten durch das Bild. Der
Fluchtpunkt auf der Horizontlinie wurde etwas nach links
verlegt, was aber nur motivbedingt ist: Der Fluchtpunkt muß
nicht unbedingt in der Mitte liegen.

Die verschiedenen Arten der Perspektive

Das Thema Perspektive allein ist so vielfältig, daß eine Abhandlung darüber ein ganzes Buch füllen würde. Deshalb sollen alle Arten der perspektivischen Konstruktion vereinfacht an einem Würfel dargestellt werden.

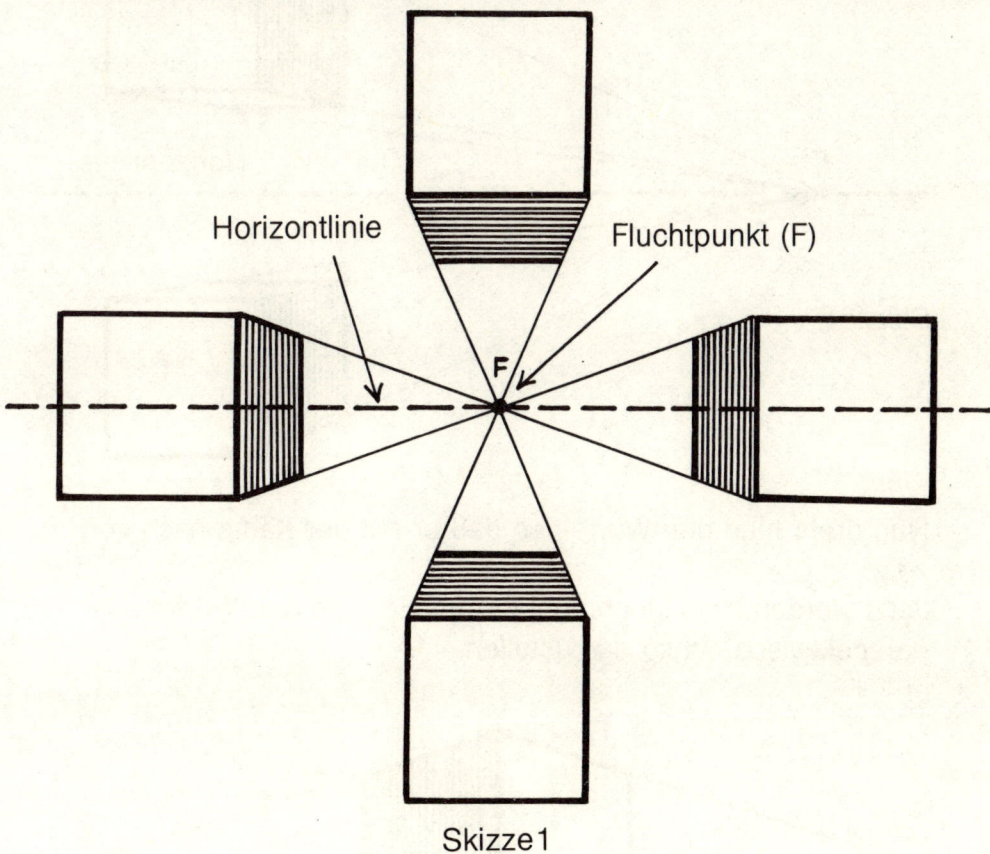

Skizze 1

Dieses Beispiel zeigt die einfachste Form der Perspektive. Die Würfelfläche zum Beschauer bleibt quadratisch, aber die Würfelfläche mit Blickpunkt auf den Fluchtpunkt verjüngt sich nach hinten.

In Skizze 2 wird der Würfel über bzw. unter die Horizontlinie gehoben. Dabei verändern sich schon zwei Würfelseiten, nämlich die seitliche auf den Fluchtpunkt zu und zusätzlich die untere bzw. obere Würfelseite.

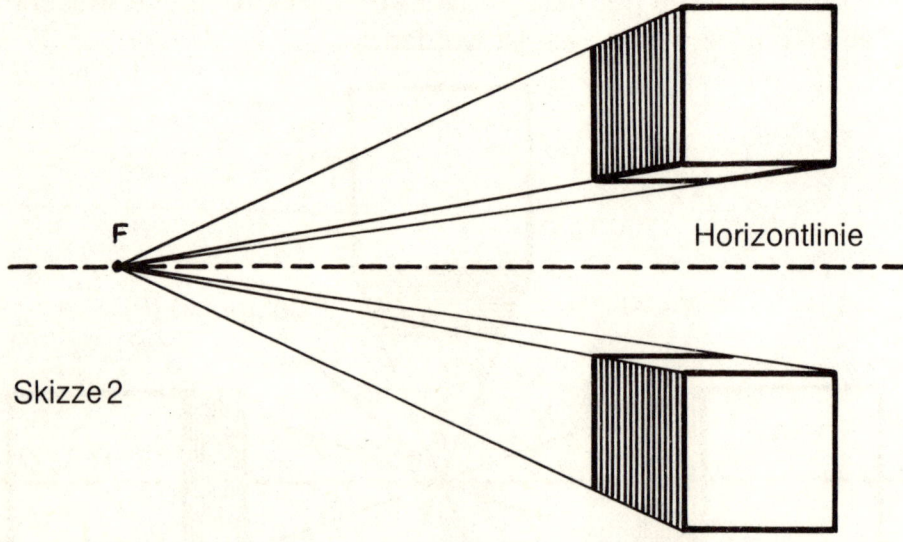

F   Horizontlinie

Skizze 2

Nun dreht man den Würfel, so daß er mit der Kante nach vorn zeigt.
Jetzt werden zwei Fluchtpunkte benötigt, um den Würfel perspektivisch richtig darzustellen.

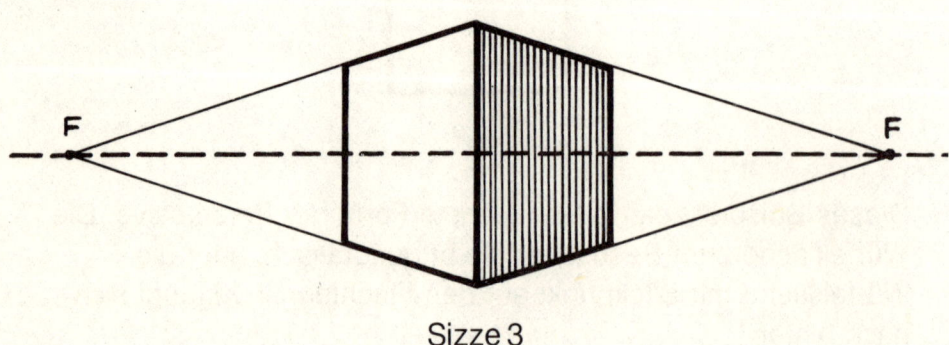

F   F

Sizze 3

Werden die Würfel nun angehoben oder gesenkt,
entstehen schon drei perspektivisch verformte Flächen
(Skizzen 3 und 4):

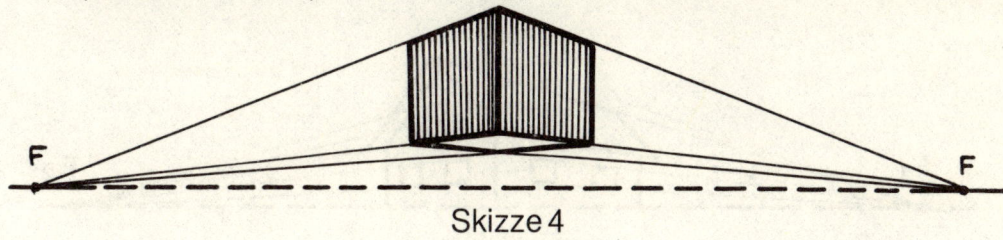

F   F

Skizze 4

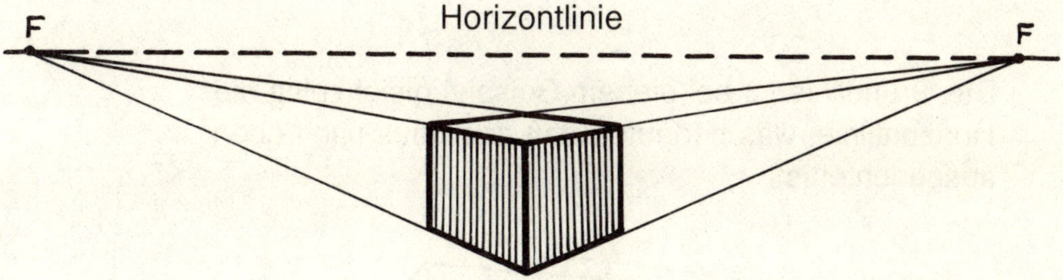

Horizontlinie

F   F

Skizze 5

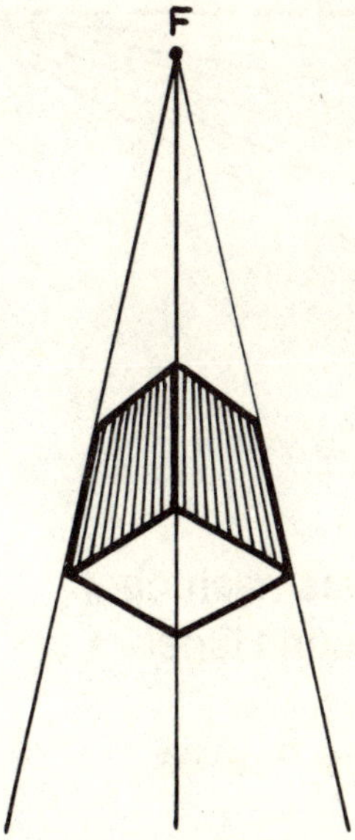

F

Was jetzt noch fehlt, ist die
Drunter- und die Draufsicht.
Dazu muß der Fluchtpunkt
nur nach oben oder unten
verlegt werden. Eigentlich
müßte man hier mit
mehreren Fluchtpunkten
arbeiten, um perspektivisch
alles perfekt zu bringen,
aber für unsere Zwecke
genügen diese einfachen
Darstellungen.

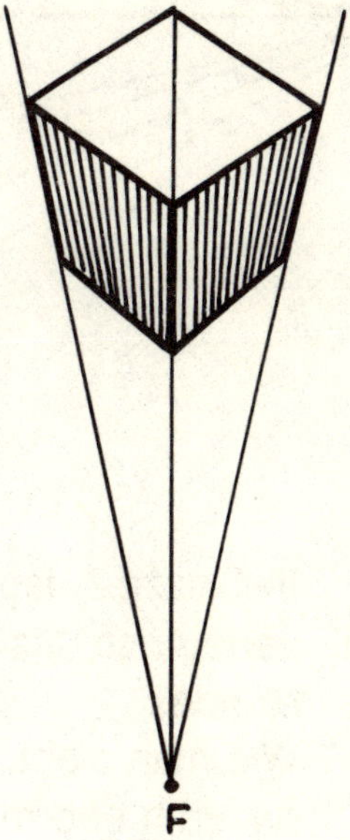

F

Skizze 6

Skizze 7

Die auf der vorhergehenden Seite gezeigte
Zwei-Punkt-Perspektive wurde hier an einem Haus in die
Praxis umgesetzt.

Skizze 1

Die Grundlinie ist bei diesem Beispiel gleichzeitig die
Horizontlinie, was bedeutet, daß das Haus nach oben
ausgerichtet ist.

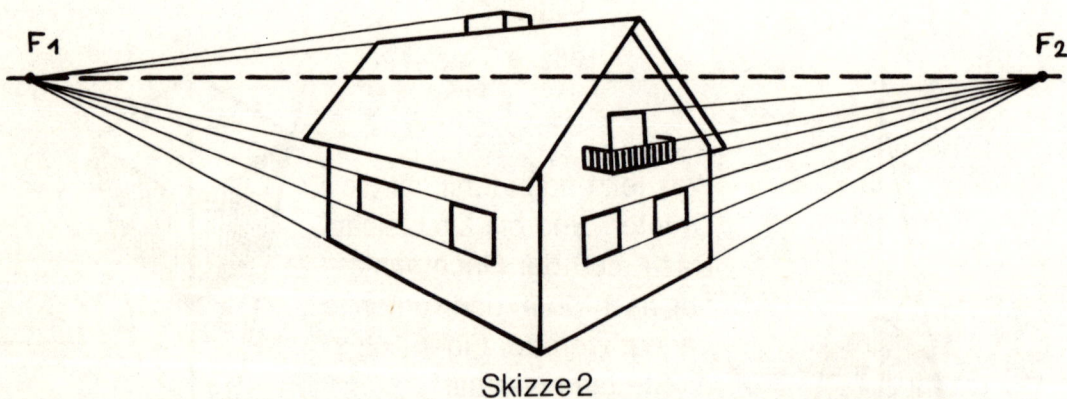

Skizze 2

In Skizze 2 dagegen wurde die Horizontlinie etwas nach oben
verlegt, so, als ob der Betrachter auf einem kleinen Hügel
stände.
Wie man sieht, verändert sich die Gestaltung des Hauses
dadurch enorm.

Auf Seite 79 (Skizzen 6 und 7) wurde erwähnt, daß man bei
Drunter- bzw. Draufsicht bei Gegenständen oder Objekten
eigentlich mit mehreren Fluchtpunkten arbeiten müßte.
Der Ordnung halber soll deshalb hier für »Fortgeschrittene«
die *Drei-Punkt-Perspektive* an folgenden Beispielen
veranschaulicht werden.

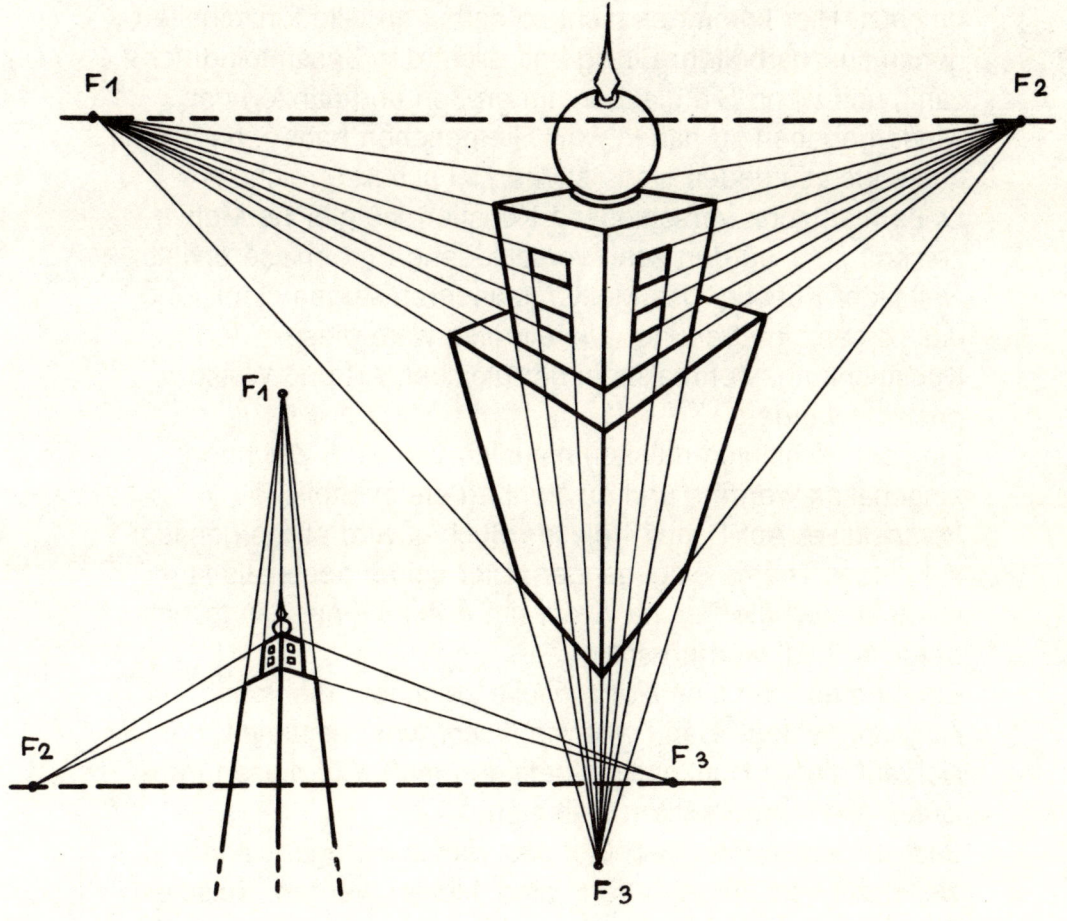

Landschaften

Landschaften zu zeichnen, ist ein schier unerschöpfliches Gebiet, vermittelt uns doch jeder Blick einen neuen Eindruck. Die Darstellung der Erdoberfläche in ihrem vielfältigen Aufbau reizt alle Künstler und solche, die es werden wollen.

Dabei gilt es natürlich, Entfernungen, Höhen und Tiefen richtig abzuschätzen, ehe man das Gesehene ins Zeichnerische umsetzt. Hier kommt es nicht so darauf an, alle Einzelheiten genau auszuarbeiten: Einzig und allein der Gesamteindruck zählt, und wenn Sie glauben, im großen und ganzen das wiedergegeben zu haben, was Sie gesehen haben, und damit auch noch zufrieden sind, ist das Ziel schon erreicht.

Ließe man zehn verschiedene Künstler das gleiche Motiv zeichnen, so würden zehn verschiedene Ergebnisse erzielt, weil jeder Künstler das Motiv mit anderen Augen sieht. Und das ist ganz in Ordnung. Wie eintönig wäre diese Kunstrichtung, wenn alles in der gleichen Art und Weise gestaltet würde.

Ein paar Richtlinien müssen natürlich von allen Zeichnern eingehalten werden, und da steht an erster Stelle die *Perspektive.* Auf Seite 74 dieses Buches wird etwas genauer auf dieses Thema eingegangen. Hier sei es nochmals kurz erwähnt, weil die Perspektive beim Aufbau einer Landschaft berücksichtigt werden sollte.

Zuerst muß man eine *Horizontlinie* zeichnen, die immer in Augenhöhe liegt. Dann wird ein *Fluchtpunkt* bestimmt, der sich auf dieser Horizontlinie befinden muß. Auf diesen Punkt laufen alle waagerechten Linien zu.

Bildlich gesprochen bedeutet das, daß alle Gegenstände, je weiter sie vom Auge entfernt sind, kleiner werden. Beispiel: Ein Strauch im Vordergrund würde größer gezeichnet als ein Baum oder vielleicht ein Berg im Hintergrund.

Bäume, Sträucher und Blumen

Wenn man Landschaften zeichnen möchte, muß man sich zunächst mit dem vertraut machen, was bei Landschaften am meisten vorkommt: Das sind Bäume.
Der Aufbau der Bäume erfolgt immer auf die gleiche Weise, nur die Formen sowie das Blätterwerk ändern sich je nach Baumart.
Die nachfolgenden Seiten sollen einige Anregungen geben:

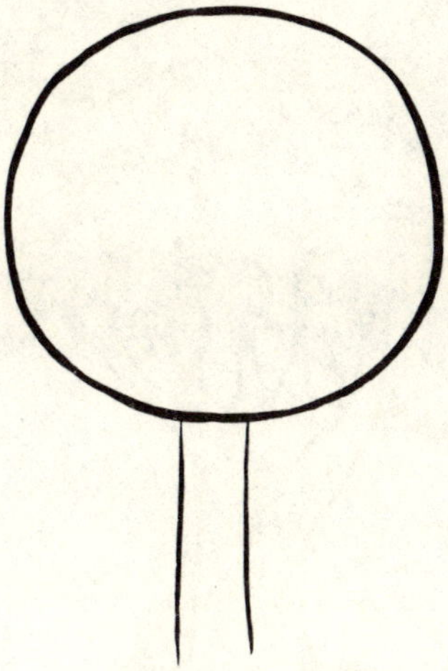

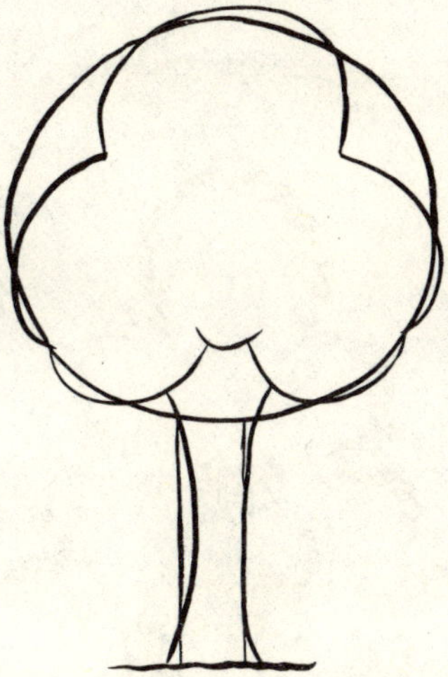

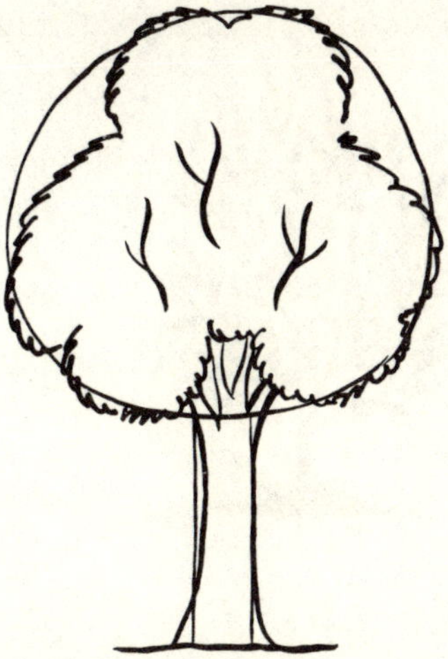

Bei Nadelbäumen wollen wir uns
nur auf zwei Arten beschränken:
die Tannen und Kiefern.

Tannenzweig

Kiefernzweig

Kiefer

Tanne

Tannengruppe stilisiert.

Wenn man Bäume zeichnen kann, ist die Darstellung von Sträuchern auch nicht mehr schwer, denn Sträucher sind kleine Bäume ohne Stamm.

Was in einer Landschaft die Blumen betrifft, so gibt
es hier viele Vereinfachungsmöglichkeiten.
Es genügt, einige Blüten in die Wiese zu zeichnen,
und schon wird der Eindruck einer blumigen Wiese
erweckt.

Festlegen eines Bildausschnitts

Wie ermittelt man den wirkungsvollsten Bildausschnitt dieser
Landschaft?

Einfache Hilfsmittel
für diesen Zweck:

Ist keine Pappe zur Hand,
kann man mit den Fingern
einen Rahmen formen:

Man schneidet aus Pappe
einen Rahmen.

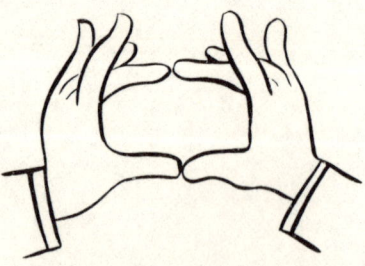

Daumen und Mittelfinger
ergeben den größten
Ausschnitt.

Mit diesem Rahmen
»tastet« man die
Gegend ab, um das
schönste Motiv für das
Bild zu ermitteln.

Hält man den Rahmen
nahe an sich, ergibt das
einen größeren
Bildausschnitt, hält man
ihn weiter von sich,
wird der Bildausschnitt
kleiner.

Um ein möglichst »plastisches« Bild zu bekommen, sollte man versuchen, eine gute Tiefenwirkung zu erzielen, d. h.: Das Bild muß Vordergrund und Hintergrund haben.
Dies erreicht man, indem seitlich ein Objekt »angeschnitten« wird. Dadurch hebt man den Vordergrund hervor.
Beispiel (auf unsere Landschaft bezogen):

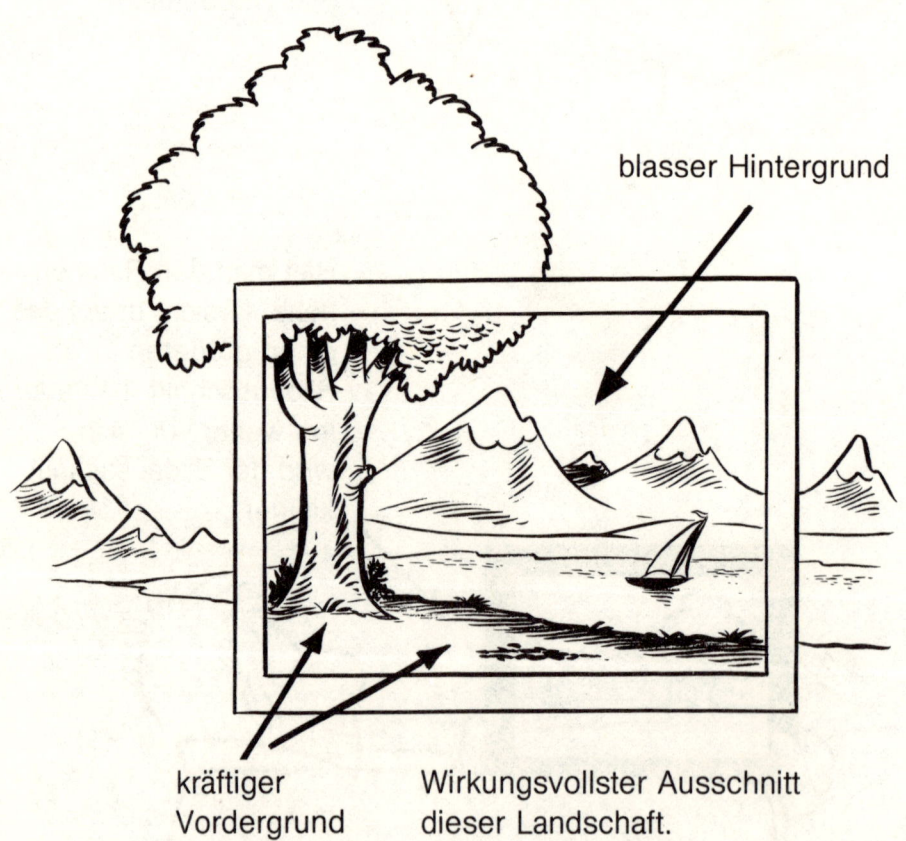

blasser Hintergrund

kräftiger
Vordergrund

Wirkungsvollster Ausschnitt
dieser Landschaft.

Hier eine Gebirgslandschaft. Im Entwurf und in der
Auszeichnung wurde ein weicher Bleistift verwendet...

...dadurch ergeben sich weichere Linien. Mit Feder und Tusche oder einem Pinsel ausgeführt, würden die Linien härter wirken.

Gestaltung eines Landschaftsmotivs

Skizze 1

Es kann nicht oft genug erwähnt werden, daß – wenn man auf
Motivsuche geht – ein Objekt, das gezeichnet werden soll,
zuerst von verschiedenen *Standpunkten* aus zu betrachten ist.
Unterschiedliche Blickwinkel können ein Motiv sehr zum Vor-
oder Nachteil verändern.
Natürlich ist der Geschmack verschieden, und was dem einen
gefällt, muß dem anderen noch lange nicht gefallen. Wichtig
ist nur, daß das Motiv einem selbst gefällt.
Lassen Sie sich trotzdem einen Tip geben, wie man Motive
für den Beschauer verbessern kann. Als Beispiel soll eins der
beliebtesten Urlaubsfotomotive dienen: Der Gosausee mit
dem Dachstein im Hintergrund.
Die erste Skizze zeigt einen Blick auf den Dachstein, wobei
der Standpunkt das vordere Seeufer ist. Vielleicht merken Sie
es schon: Im Vordergrund ist zuviel Wasser. Was macht man
also? Man verändert den Standpunkt!

Skizze 2

Auf Skizze 2 sind wir ein Stückchen höher geklettert und haben schon einen ganz anderen Eindruck von dem Motiv. Jetzt schaut man auf den See, und links rückt eine Felswand ins Blickfeld. Damit hätte man schon einen Vordergrundanschnitt.
Wir sind aber mit dem Bildausschnitt immer noch nicht zufrieden: Die Felswand links ist zu kahl, und rechts unten ist ein leerer Fleck.
Wir klettern also noch etwas höher, und wieder verändert sich unser Blickfeld.

Skizze 3

Jetzt ist alles optimal, und wir können zufrieden sein: Die
Bäume und Sträucher im Vordergrund verdecken teilweise die
kahle Felswand, lockern dadurch das Bild auf, und der kahle
Fleck rechts unten im Bild ist auch ausgefüllt. Jetzt hat das
Motiv einen würdigen Rahmen bekommen.

Architektur in der Landschaft

Schöne Gebäudemotive kann man an jeder Straßenecke
finden, es kommt nur darauf an, von welchem Standpunkt aus
man das Motiv betrachtet. Dabei ist es gar nicht so wichtig,
daß jedes Einzelbild genau ausgearbeitet wird: Was zählt, ist
nur der Gesamteindruck.
Dafür ist es manchmal ratsam, das Motiv in »Einzelteile« zu
zerlegen und Nebenskizzen anzufertigen: erst einmal nur, um
zu üben. Später – wenn man mehr Praxis hat und sich an
größere Objekte heranwagt – ist es auf alle Fälle besser,
schwierige Teilmotive zunächst im Detail auszuarbeiten.
Jetzt kommt es uns auch zugute, daß wir uns so ausgiebig
mit der Perspektive beschäftigt haben, denn ohne
perspektivische Kenntnisse kämen wir arg in Bedrängnis.
Aber wir wollen auch hier klein beginnen und uns schrittweise
an das neue Arbeitsthema herantasten.
Wie bei allen anderen Zeichenarten zuvor, müssen auch hier
die Motive aufgebaut werden. Die Erschwernisse beim
architektonischen Zeichnen liegen darin, daß alles
maßstabsgerecht gezeichnet werden soll. Aber auch bei
diesem Problem kann man sich mit einfachen Mitteln helfen.
Das soll an dem folgenden Beispiel erläutert werden:
Das Motiv auf der gegenüberliegenden Seite ist aus dem
Gedächtnis gezeichnet und will eigentlich nur zeigen, wie man
einen solchen Komplex aufbaut.
Wir ziehen zunächst ein Fadenkreuz über das Bild – die
senkrechte Linie mitten durch das Hauptmotiv, die
waagerechte Linie an irgendeiner markanten Seite (auf
unserem Bild die Brückenoberkante).
Dadurch wird das Motiv in vier Teile gegliedert, und der
Aufbau kann beginnen. Wer möchte, kann das Hauptmotiv
noch einmal in der Mitte teilen, weil die Größenverhältnisse
der Nebenbauten auf diese Weise noch besser bestimmbar
sind.

Wenn man genauer arbeitet und größere Gebäudekomplexe zeichnen möchte, kann auch hier eine einfache Methode angewendet werden. Wir kennen sie schon von unserem Teddybären her, wo das Vergrößern und Verkleinern erläutert wurde.

A

B

Man nimmt eine beliebige Postkarte oder ein Bild mit einem
Motiv, das man gerne zeichnen möchte und versieht es mit
einem Karogitter (siehe Zeichnung).
Auf dem Zeichenbogen vergrößert man dieses Gitter dann auf
den gewünschten Maßstab.
Nachdem die Hauptkonturen des Bildes auf den
Zeichenbogen übertragen sind, können die Hilfslinien
wegradiert und die Zeichnung im Detail vollendet werden.

Stilleben

Bestimmt haben Sie schon einmal, als Sie im Büro am
Schreibtisch saßen, nichts zu tun hatten oder telefonierten,
mit einem Bleistift oder ähnlichem irgendeinen »toten
Gegenstand« aufs Papier gekritzelt: vielleicht einen Blumentopf
auf der Fensterbank, eine Blume aus der Vase, ein Glas oder
auch eine Kaffeetasse. Damit haben Sie schon Ihr erstes
Stilleben gezeichnet. Alles, was nicht »lebendig« ist und
gezeichnet wird, fällt unter den Begriff »Stilleben«: Töpfe,
Kannen, Vasen, Früchte, Blumen (obwohl diese eigentlich
leben, da sie ja wachsen) und sogar tote Tiere (z. B. erlegtes
Wild) werden unter diesem Begriff zusammengefaßt.
Beim Stillebenzeichnen muß man es verstehen, die
Gegenstände oder Objekte so zu plazieren, daß sie »gut
wirken«. Damit ist gemeint, daß z. B. eine Schale mit Früchten
sehr schön anzusehen sein kann, aber das Tüpfelchen auf
dem i fehlt vielleicht. Dieses Tüpfelchen wäre z. B. eine alte
Kupferkanne (sie kann ruhig verbeult sein), ein Kerzenständer
oder ein Zinnteller oder... Aber vielleicht haben Sie auch
einen alten, verschlissenen Schuh, eine Pfeife oder einen
Hundenapf? Nur zu, auch daraus läßt sich ein Stilleben
zusammenstellen.
Natürlich gibt es auch beim Zeichnen von Stilleben wieder
einige Tips, wie man eine gute Komposition aufbaut. Zunächst
sollte das, was man auf dem Bild unterbringen möchte, grob
skizziert werden. Dabei ist zu berücksichtigen, ob das Bild
später Hoch- oder Querformat haben oder quadratisch werden
soll.

Stillebenobjekte

Wenn man mit dem Stillebenzeichnen beginnt, ist es nicht erforderlich, gleich ein sogenanntes »Gruppenbild« – mehrere Gegenstände auf einmal – zusammenzustellen. Versuchen Sie sich anfangs lieber an einzelnen Objekten, z.B. einem Apfel, einer Blume, Vase oder ähnlichem.

Fangen wir zunächst mit einem Apfel an:
Ein Apfel ist rund, also zeichnet man erst einmal einen kleinen Kreis (a). Dann kommen der Stiel und der sogenannte Nabel (b).

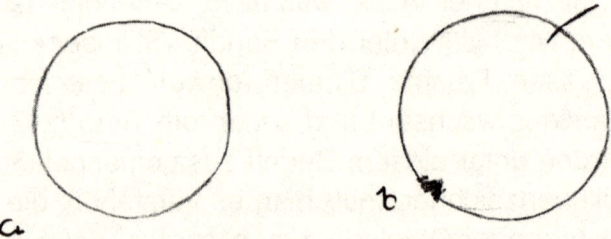

Natürlich ist ein Apfel nicht genauso rund wie ein Kreis; es kommt jeweils auf die Apfelsorte an: einige verjüngen sich zum Nabel hin, andere wiederum gehen »in die Breite«.

Genauso verfährt man bei anderen Früchten. Diese gehen ebenfalls von einer geometrischen Form aus: Kreis, Dreieck, Quadrat usw.
Meistens ist die Grundform aber rund, deshalb ein Vorschlag: Üben Sie mit lockerer Hand und richtig mit Schwung, lauter Kreise und Ovale zu zeichnen – große und kleine.

Nach dieser Übung legen Sie einen Apfel oder eine Birne vor sich auf den Tisch, und beginnen zu zeichnen. Halten Sie sich dabei aber nicht zu lange bei einer Frucht auf, sondern fangen Sie immer wieder von neuem an.
Sie werden bald merken, wie leicht Ihnen alles nach einer Weile von der Hand geht. Und wenn Sie schon einmal beim Üben sind, probieren Sie es auch gleich mit anderen Früchten.
Auf der folgenden Seite wird gezeigt, wie andere Fruchtarten aus der runden Grundform entwickelt werden können.

Genauso verhält es sich mit Blumen: Fast alle Blumen lassen sich aus der Grundform eines Kreises entwickeln.

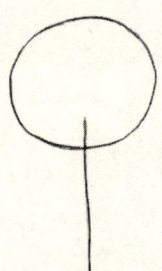

Zunächst ein Kreis und dann darunter einen Strich, und schon hat man die Grundform einer Blume mit Stiel. Hier Beispiele verschiedener Variationsmöglichkeiten:

Andere tote Gegenstände, wie Kannen, Krüge, Flaschen,
Vasen oder Töpfe, kann man nach dem gleichen Prinzip
entwerfen. Unabhängig davon, welche Form ein Gegenstand
hat, er läßt sich immer aus einer der Grundformen – Kreis,
Dreieck oder Quadrat – entwickeln.

Formatauswahl bei Stilleben

Kann man sich nicht sofort entschließen, welches Format man wählen soll, ist es am besten, man skizziert kurz jedes Format (quadratisches Format, Hoch- und Querformat) und entscheidet dann.
Im folgenden Beispiel wurde als Motiv eine Schale mit Früchten gewählt.

1

2

3

Die Beispiele zeigen: Im quadratischen Rahmen füllt die Fruchtschale das Bild aus, während beim Hochformat oben und beim Querformat an beiden Seiten zuviel Leerplatz bleibt. Damit ist aber nicht gesagt, daß das Hoch- oder Querformat für dieses Motiv ungeeignet sei.

Man muß einfach nur die leeren Flächen mit irgendeinem
Beiwerk füllen, z. B. einer hohen Kanne oder Vase (bei
Hochformat) oder mit zwei verschiedenen Gegenständen
beim Querformat.
Im letzten Fall könnte man auch das Früchtesortiment in der
Schale etwas in die Breite ziehen, indem man einzelne
Früchte vor bzw. neben die Schale plaziert.

Für beide Formate hier einige Vorschläge:

Entscheidet man sich für das Querformat, wird von Beginn an wie folgt aufgebaut:

Zuerst werden die einzelnen Umrisse in grober Form skizziert...

...anschließend die jeweiligen Gegenstände im Detail,...

...und zum Schluß zeichnet man die Feinheiten.

Aufbau eines Stillebens

Denken Sie daran, ein Bild immer von unten her aufzubauen. In diesem Fall sollte also zuerst die Schale und nicht irgendeine Frucht gezeichnet werden. Es könnte nämlich passieren, daß die Schale nicht mehr vollständig ins Bild kommt oder daß sie zumindest zu tief sitzt.

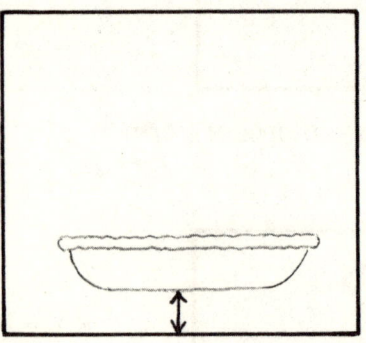 

Wenn man sich an die vorher erwähnten Regeln hält, kann eigentlich nicht mehr viel falsch gemacht werden. Im Gegenteil: Unter Umständen erspart man sich unnötige Verbesserungen oder Korrekturen.
Ein weiterer Tip: Versuchen Sie, ein Stillebenobjekt, das sich eigentlich besser für ein Hochformat eignet, nie als Querformat zu zeichnen. Ein solches Objekt wäre z. B. eine Blumenvase.

Machen Sie nie den Fehler, einzelne Bildteile schon im Detail auszuarbeiten, bevor das Bild nicht »vorkomponiert« wurde.

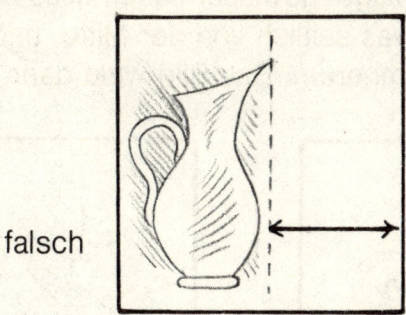

falsch

Meist verschätzt man sich dabei in bezug auf den benötigten Platz und schafft es nachher nicht mehr, den Rest des Motivs wirkungsvoll im Bild unterzubringen.
Beispiel: Bei der oberen Skizze wird die Hälfte des Bildes für den Krug in Anspruch genommen, somit bleibt für die Früchteschale – das eigentliche Motiv – zu wenig Platz.

Besser wäre es, die Schale vorzuskizzieren und dann erst den Krug einzubauen. Vielleicht hätte man dabei sogar festgestellt, daß es vorteilhafter wäre, den Krug hinter die Schale zu stellen.

Weitere Fehler, die man nicht machen sollte, wenn
Stillebenmotive zusammengestellt werden: Niemals den
Hauptgegenstand des Motivs in die Mitte der Zeichnung
setzen (a). Er »erschlägt« gewissermaßen alles andere.
Plazieren Sie ihn etwas seitlich von der Mitte, und arrangieren
Sie alles andere drumherum. Das Bild wirkt dann viel ruhiger.

Ebenso verhält es sich, wenn zwei gleich große Gegenstände
auf dem Bild dargestellt werden sollen: nicht den einen rechts
und den anderen links plazieren (c).
Achten Sie bei der Zusammenstellung dieses Motivs darauf,
daß einer der beiden Gegenstände in den Hintergrund kommt
(d). Das lockert das Bild auf. ·

Wenn man diese Hinweise beachtet, dürften beim Zeichnen
von Stilleben eigentlich keine Fehler mehr auftreten.

Aktzeichnen

Nicht jeder wird Aktzeichnen gleich am lebenden Modell versuchen, wahrscheinlicher ist, daß man mit einem Foto die ersten Versuche macht.
Nehmen Sie ruhig zuerst Pauspapier, legen es auf das Foto und ziehen darauf die Konturen des Körpers mit Bleistift nach. Wiederholen Sie diesen Vorgang mehrmals, und versuchen Sie dabei, die Körperteile und ihre Rundungen mit schwungvollen Linien zu ziehen.
Bemühen Sie sich aber, diese Linien mit lockerer Hand auszuführen und nicht verkrampft. Mit verkrampften Fingern bringt man nämlich keine schwungvolle Linie zustande.
Eine dieser Linien – die wichtigste – kennen wir schon von unseren anderen Zeichenversuchen: die Leitlinie.

Hier einige Leitlinienskizzen:

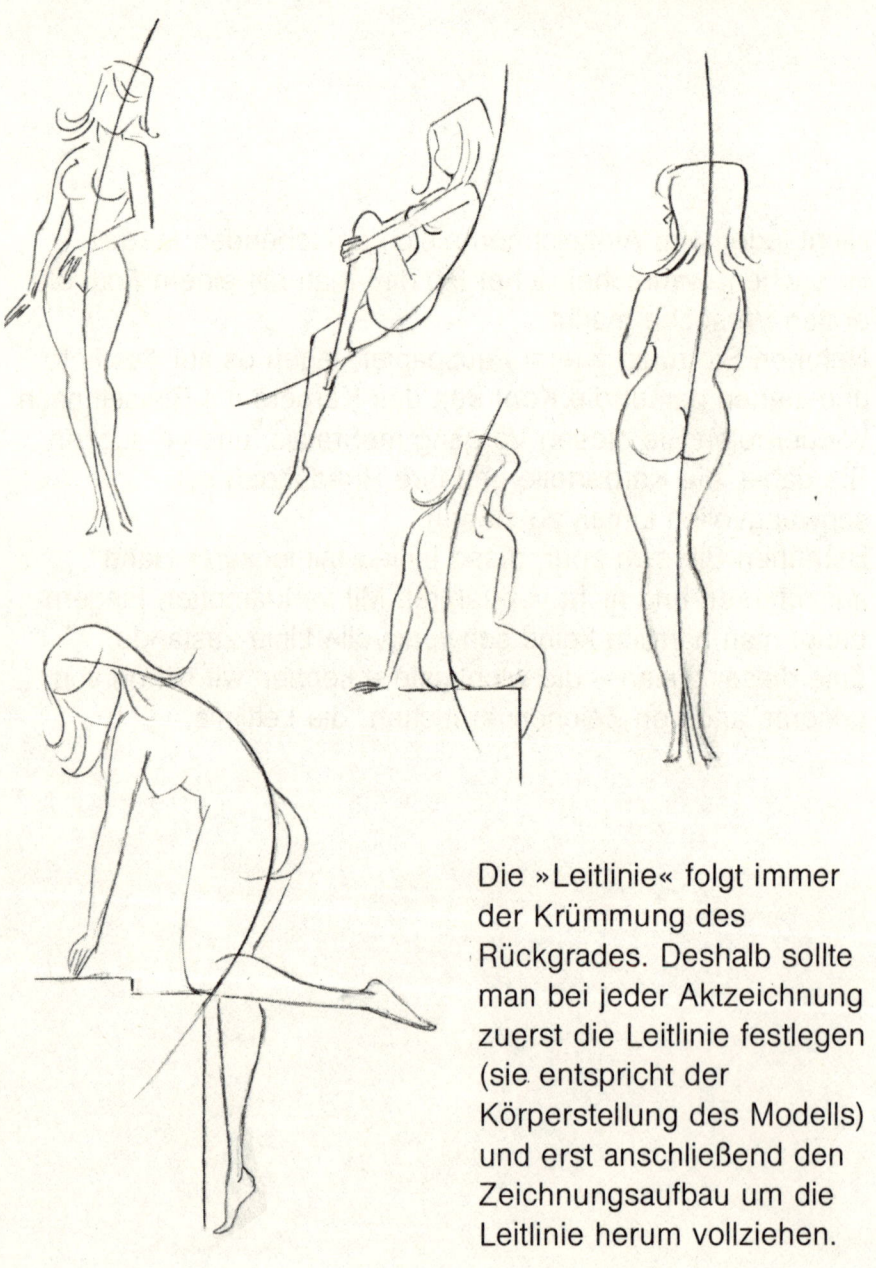

Die »Leitlinie« folgt immer der Krümmung des Rückgrades. Deshalb sollte man bei jeder Aktzeichnung zuerst die Leitlinie festlegen (sie entspricht der Körperstellung des Modells) und erst anschließend den Zeichnungsaufbau um die Leitlinie herum vollziehen.

Weitere Hilfslinien, die man bei einer Aktzeichnung benötigt,
richten sich nach der Stellung, die der Körper, der gezeichnet
werden soll, einnimmt.
Auf dieses Modell bezogen, bestimmt man zunächst die
Neigung des Körpers (gestrichelte Linien) und dann die
Stellung der einzelnen Gliedmaßen, der Arme und Beine.
Wenn man etwas mehr Routine hat, kann später ein Teil der
Linien vereinfacht oder ganz weggelassen werden.
Die Beispiele auf den nächsten Seiten veranschaulichen, daß
man beim Aktzeichnen schon mit wenigen Hilfslinien
auskommen kann.

Zuerst zieht man die
Leitlinie und dann die
Hilfslinien für Körper- und
Beinstellung.

Anschließend werden die
Körperkonturen angedeutet
und grob ausgearbeitet.

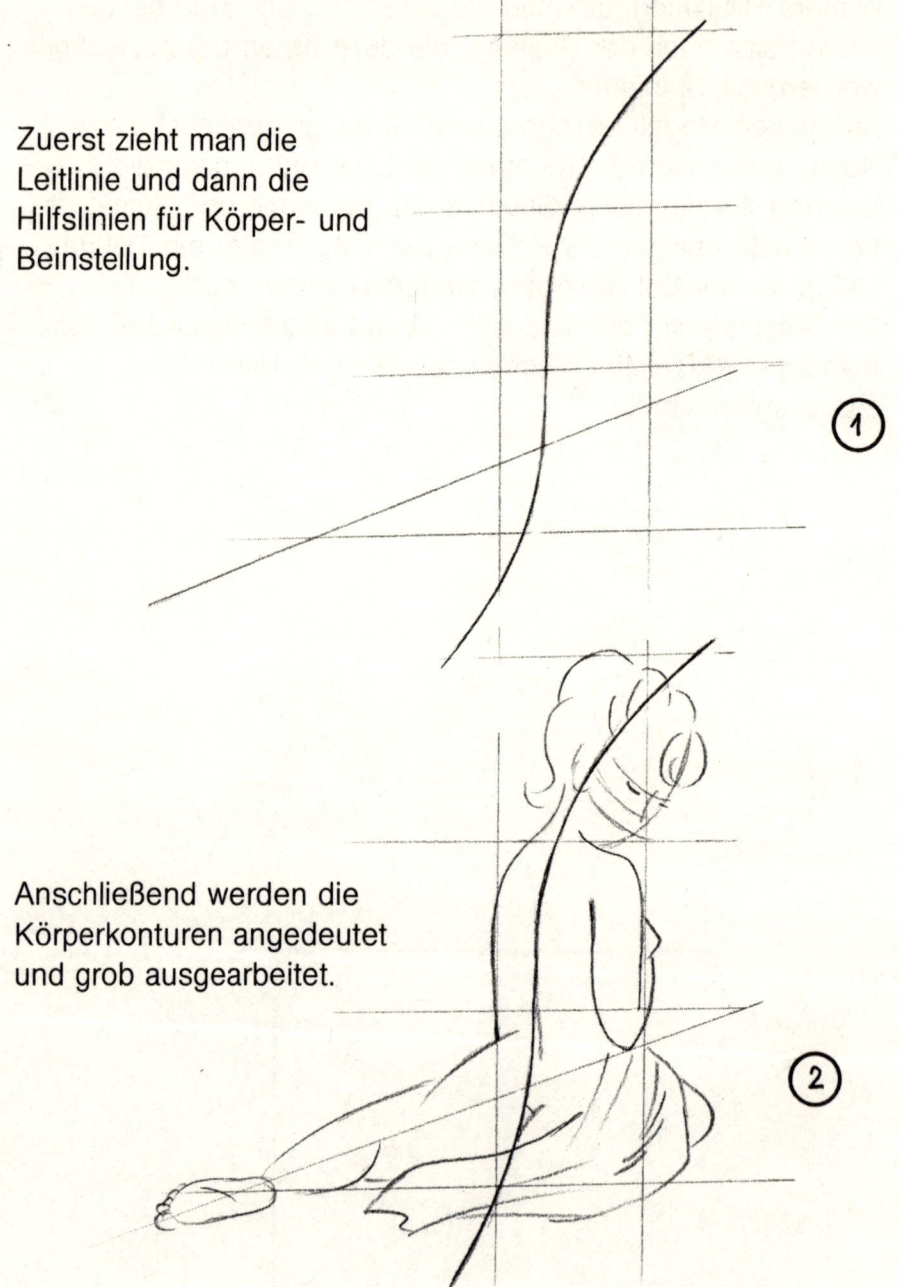

Zum Schluß wird die Figur im Detail vervollständigt und die Körperkonturen nachgezogen.

③

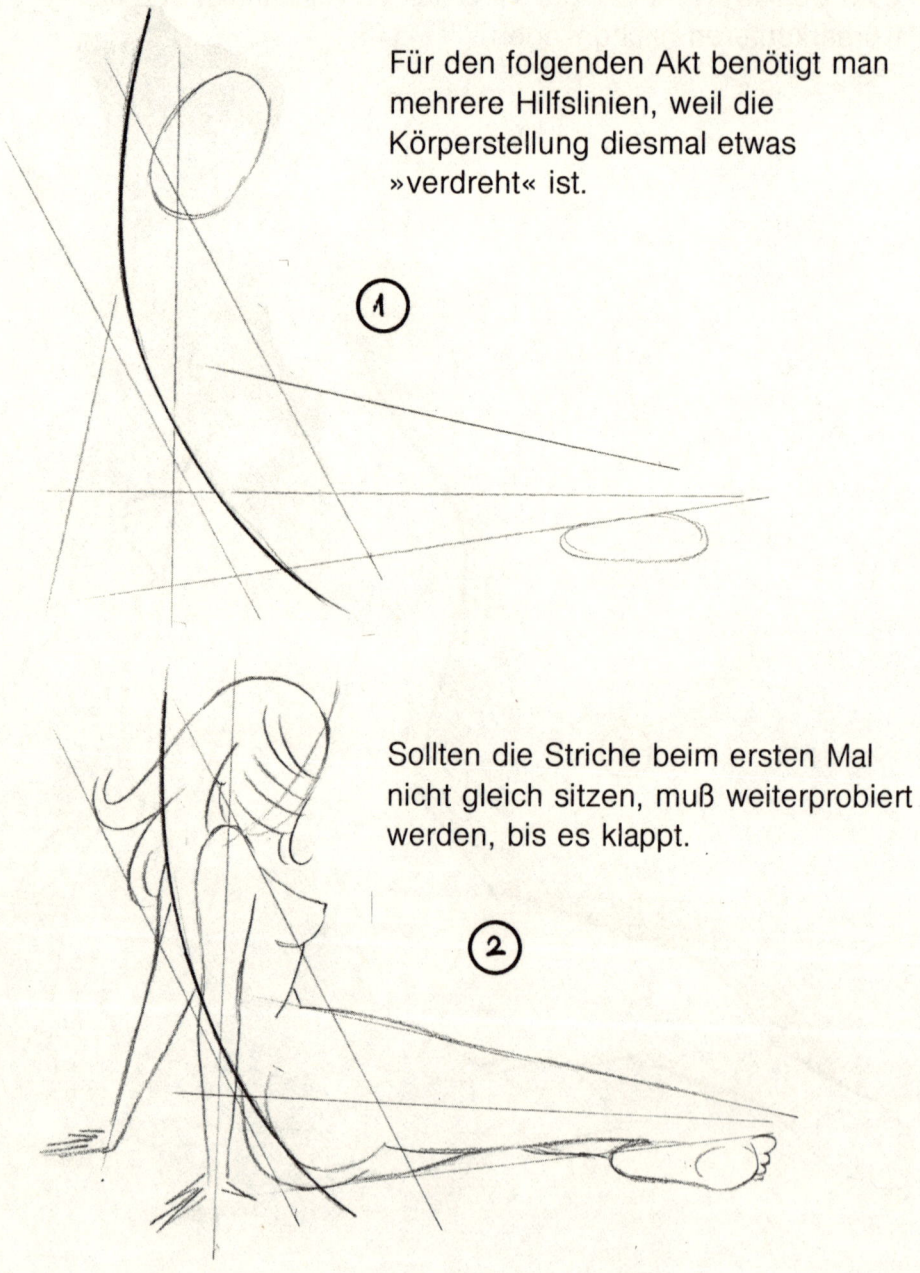

Für den folgenden Akt benötigt man mehrere Hilfslinien, weil die Körperstellung diesmal etwas »verdreht« ist.

Sollten die Striche beim ersten Mal nicht gleich sitzen, muß weiterprobiert werden, bis es klappt.

Wenn man dann ein
Resultat wie hier in
Skizze 3 erzielt hat, ...

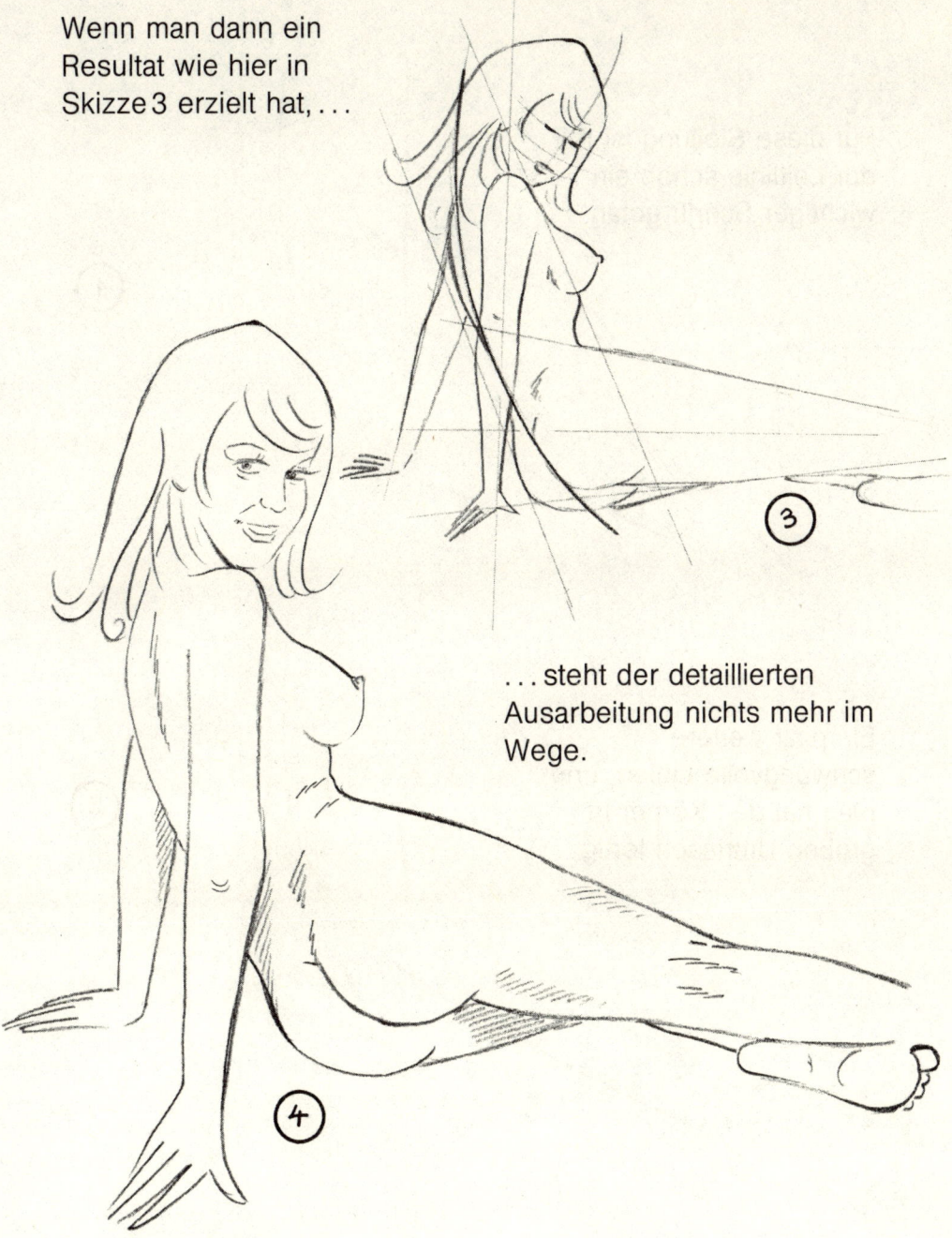

... steht der detaillierten
Ausarbeitung nichts mehr im
Wege.

Für diese Stellung ist mit
der Leitlinie schon ein
wichtiger Schritt getan.

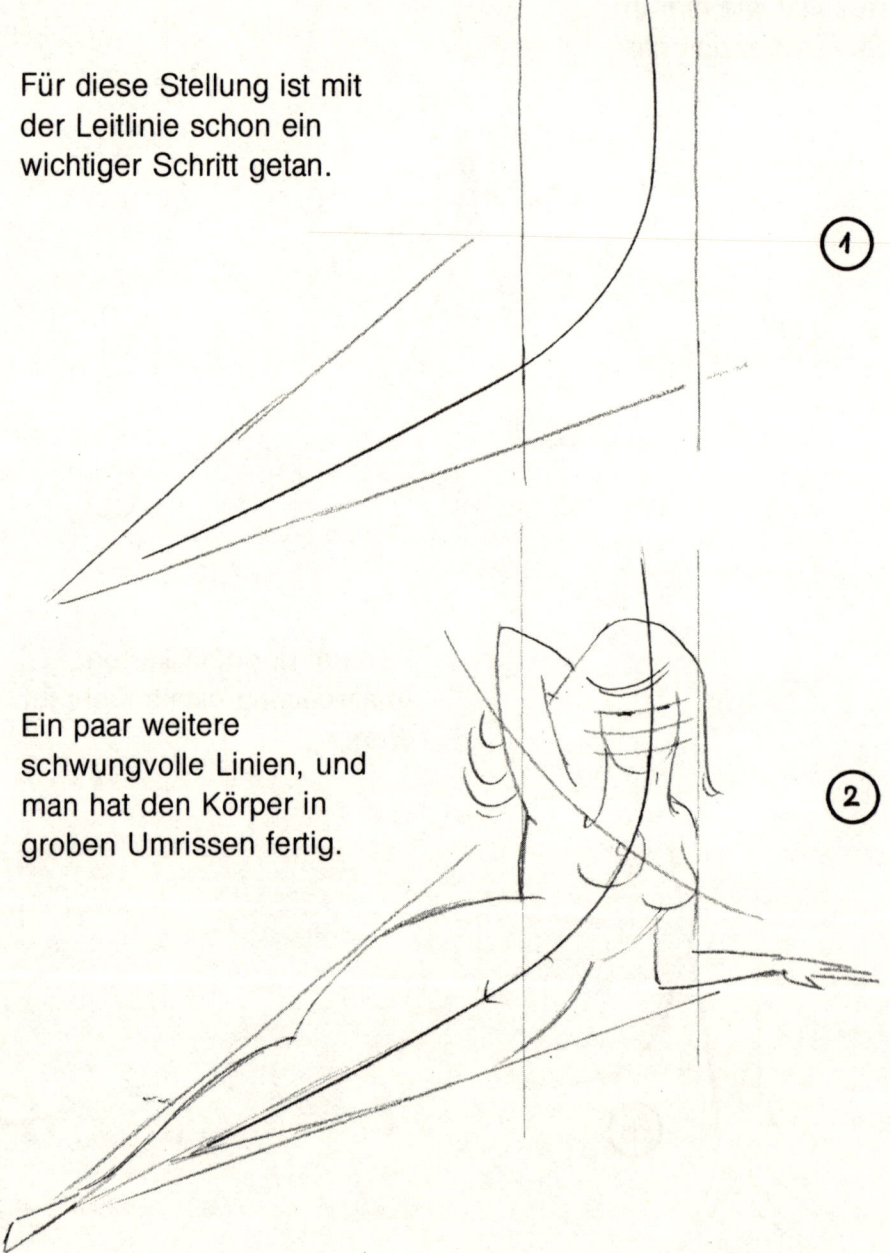

Ein paar weitere
schwungvolle Linien, und
man hat den Körper in
groben Umrissen fertig.

Der Rest ist nun nur noch Routine.
Versuchen Sie, die Beispiele erst in
Bleistift (weil man falsche Linien schnell
wegradieren kann) und später in Kohle
nachzuzeichnen.
Durch einen dunklen Hintergrund kann man
den Körper plastisch hervorheben.

Fantasietraining

Wir wollen zum Schluß noch ein bißchen unsere Fantasie
»trainieren«. Das mag komisch klingen, ist aber gar nicht so
abwegig. Ein Zeichner soll und muß Fantasie haben sowie ein
gutes Auge für Formen und Dinge.
Wie kann man Fantasie trainieren? Nichts ist einfacher als das.
Man kann dieses Training sogar in ein Gesellschaftsspiel
verwandeln: Dabei soll wieder von den drei geometrischen
Hauptgrundformen – Kreis bzw. Oval, Dreieck und Quadrat –
ausgegangen werden.

Beginnen wir mit dem Oval:
Was fällt Ihnen ein, wenn Sie ein Oval sehen?
Zeichnen Sie munter darauf los, und wenn die
Ovale auf dieser Seite nicht reichen, machen
Sie einfach auf dem Zeichenblock weiter.

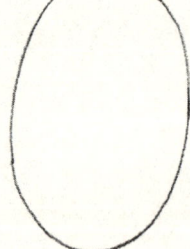

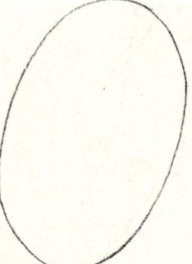
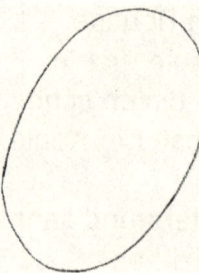
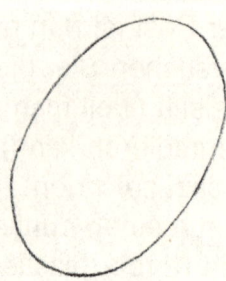

Um Ihnen einige Anregungen zu geben, fülle
ich verschiedene Ovale mit meinen Ideen.

Und weiter geht es hier mit Kreisen, Dreiecken und
Quadraten, und wer die schönsten Entwürfe gemacht hat, der
kann... ja, der kann stolz sein!

Nachwort

Es ist noch kein Meister vom Himmel gefallen! Dieses Sprichwort möchte ich Ihnen mit auf den Weg geben, denn nur Üben und wieder Üben ist der Schlüssel zum Erfolg. Geben Sie nicht auf, wenn eine Skizze einmal nicht gelingen will. Legen Sie in diesem Fall den Zeichenblock lieber zur Seite, und tun Sie etwas ganz anderes. Lenken Sie sich ab, oder schalten Sie ab. Vielleicht gelingt Ihnen zu einem späteren Zeitpunkt oder am nächsten Tag die mißglückte Skizze vom Vortag auf Anhieb.
Versuchen Sie nie, etwas mit Gewalt zu erreichen – unter dem Motto: Nun erst recht! Das wäre verlorene Zeit.
Und noch etwas: Werfen Sie die Ihrer Ansicht nach mißglückten Skizzen nicht gleich zerknüllt in den Papierkorb. Vielleicht stellen Sie nach der zehnten Skizze fest, daß die erste oder zweite doch die beste war.
Und nun viel Spaß und Erfolg beim Zeichnen!